*Quest for the Soul of Korea*

*Quest for the Soul of Korea*

**오오무라 마스오**(大村益夫)

1933년 도쿄에서 출생. 1957년 와세다대학교 제1정치 경제학부 졸업.
도쿄도립대학교 인문과학연구과 석·박사과정 수료.
1964년 와세다대학교 전임강사(중국어 담당). 1972년 와세다대학교 교수(중국어 담당). 1978년 와세다대학교
교수(조선어 담당). 1985년 와세다대학교 재외(在外) 연구원으로 1년간 중국 연변대학에 연구 유학.
1992, 1998년 2년간 고려대학교 교환 연구원으로 한국 체재.
2004년 3월 현재 와세다대학교 정년퇴직, 명예교수.
2007년 3월 현재 인하대학교 초빙교수('동아시아 비교문화' 담당)
저서로는 『사랑하는 대륙아—시인 김용제 연구』(大和書房, 1992), 『詩로 배우는 조선의 마음』(青丘文化社, 1998),
『사진판 윤동주 자필 시고전집』(공편, 민음사, 1999), 『윤동주와 한국문학』(소명출판, 2001),
『중국 조선족문학의 역사와 전개』(綠蔭書房, 2003),
『조선 근대문학과 일본』(綠蔭書房, 2003) 등이 있음.
번역서로는 『한일 문학의 관련 양상』(김윤식, 朝日新聞社, 1975), 『친일문학론』(임종국, 高麗書林, 1976),
『한국 단편소설선』(공역, 岩波書店, 1988), 『시카고 福萬—中國朝鮮族短篇小說選』(高麗書林, 1989),
『탐라 이야기—濟州島文學選』(高麗書林, 1996) 등이 있음.

**심원섭**

1957년 강원도 원주 출생. 서울고, 연세대 국문과 및 동대학원 박사과정 졸업(문학박사).
동경외국어대학 연구과정 수료.
경기대학교 대우교수, 와세다대학 국제교양학부 객원교수를 거쳐 현재 와세다대학 문학부 객원교수.
주요 저서로는 『원본 이육사전집』(집문당, 1986), 『사진판 윤동주 자필 시고전집』(공편, 민음사, 1999),
『한일문학의 관계론적 연구』(국학연구원, 1998), 『세계속의 한국문학』(공저, 새미, 2002),
『김종한전집』(공편, 녹음서방, 2005) 등이 있음.

**정선태**

1963년 전북 남원 출생. 서울대학교 국어국문학과 및 같은 대학원을 졸업.
문학박사이자 문학평론가. 국민대학교 국어국문학과 교수로 재직 중.
저서로는 『개화기 신문논설의 서사 수용 양상』, 『심연을 탐사하는 고래의 눈』,
『근대계몽기 지식 개념의 수용과 그 변용』(공저), 『근대의 어둠을 응시하는 고양이의 시선』
등이 있으며, 역서도 여러 권 있다.

---

## 조선의 혼을 찾아서

1판 1쇄 인쇄 2007년 5월 10일
1판 1쇄 발행 2007년 5월 18일

지은이 / 오오무라 마스오
옮긴이 / 심원섭·정선태
펴낸이 / 박성모
펴낸곳 / 소명출판
출판고문 / 김호영
등록 / 제13-522호
주소 / 137-878 서울시 서초구 서초동 1621-18(란빌딩 1층)
대표전화 / (02) 585-7840
팩시밀리 / (02) 585-7848
somyong@korea.com / www.somyong.co.kr

2007, 오오무라 마스오

값 10,000원

ISBN 89-5626-246-2 03810

# 조선의 혼을 찾아서

## Quest for the Soul of Korea

오오무라 마스오 지음

심원섭·정선태 옮김

소명출판

2000년 4월 이래 『홋카이도신문』에 연재해 온 소품문을 묶어 한국에서 번역 출판한다. 800자 이내라는 글자 수의 제한이 있는 칼럼이기 때문에 뜻을 제대로 전달하지 못한 감이 있다. 이 칼럼은 처음 제2회는 타이틀이 〈20세기 명저탐방〉으로 되어 있었지만, 제3회째부터는 〈세계문학·문화 아라카르트〉로 이름을 바꾸었다. 이 칼럼은 매주 수요일에 프랑스, 아프리카, 캐나다, 스페인(라틴 제국), 중국, 한국·북한, 독일, 인도네시아, 러시아, 아메리카 등 세계 열한 개의 나라와 이 지역의 문학·문화에 관하여 연재하고 있다. 내가 담당한 한국·북한 분야는 11주 간격으로, 그러니까 약 3개월에 한 번씩 차례가 오게 된다. 그때마다 머리에 떠오르는 것을 써 왔기 때문에 반드시 계통성을 갖고 있지는 않다.

『홋카이도신문』에 연재한 것 외에 큐슈의 『니시니혼신문』에 실은 「시혼의 원형을 찾아서-윤동주 연구」도 함께 수록했다. 모두 일본의 일반 신문에 발표한 것이어서 한국의 독자에게는 굳이 말하지 않아도 좋은 기술(記述)이 있을지도 모른다.

마지막 부분에 『실천문학』에 실은 「임종국 선생을 그리며」와 김학철 선생의 문학비 건립을 기념하는 문집에 실은 「김학철 선생의 편지」도 함께 수록했다.

끝으로 이 책의 출판을 뒷받침해 준 소명출판 박성모 사장과 번역을 담당해 준 정선태 선생(국민대 교수), 심원섭 선생(와세다대학 객원교수)에게 감사의 마음을 전한다.

2007년 2월 6일
오오무라 마스오(大村益夫)

1945년 2월 일본 후쿠오카에서 옥
른쪽 사진)의 유골은 아버지에 의해
중국 용정에 묻혔다. 두 동생과 자형
생이 '시인윤동주지묘' 라는 비석이
에서 기념사진을 찍었다. 세월이
고, 남북한이 갈라졌으며, 전쟁이
는 사회주의 정권이 들어섰다.
85년 5월14일, 용정시 교외 언
동주의 묘는 40여 년의 어둠을
다. 발견한 사람은 뜻밖에도 일
재외연구원으로 그해 4월12일
마쓰오(68·왼쪽 사진)가 그였
그는 연변의 조선족들과 함
어와 조선산 명태를 조선식
식 제사'를 올렸다.
'항일 애국시인' 윤동주

# 오무라 교수를 아십니까

'윤동주와 한국문학'

묻힌지 40년만에
윤동주의 묘를
발견한 이는
일본인이었다…
한국문학을
애정으로 파고든
그가 한국땅에서
처음 내는 저서

일본인이 발견했다는
충격이었다. 발견 당시
수립하기 전이어서 한
았다는 정황만으로
가 누구인가. 그 문
보하더라도. 국민적
꼽히는 이가 아니단
오무라 교수는
않았다.
그의 집터를 훑
부를 입수했으며
관련 사진을 찍
한국인들이 윤
둘러볼 수 있
이었던 셈이다

# C·O·N·T·E·N·T·S

Quest for the Soul of Korea

 민족적 저항정신과 인간애

윤동주 시 전집 『하늘과 바람과 별과 시』

윤동주(1917~1945)는 조선 민족이 극심한 어려움을 겪고 있던 1930년대 후반부터 1940년대 전반에 걸쳐 준엄한 민족적 저항정신과 기독교적 인간애로 가득 찬 서정시 124편을 남겼다. 그의 시는 그의 생애와 마찬가지로 청렬(淸冽)하고 우아한 혼을 지닌 동시에 민족의 운명 역시도 짊어지고 있었다.

'한일병합'으로 나라를 빼앗기고 민족의 언어와 문화가 모두 질식 상태에 빠져 들어가는 상황에서, 오로지 "죽는 날까지 하늘을 우러러 / 한 점 부끄럼이 없기"(「서시」)만을 기원하며 살았다. 그는 활동가도 혁명가도 아닌 한 명의 시인에 지나지 않았지만, "모든 죽어가는 것을 사랑"하고 "나에게 주어진 길을 걸어가야"겠다는 소명감 아래, 자신의 인생길과 민족이 나아가야 할 길을 서로 일치시키는 방법을 모색하고 있었던 것이다.

　윤동주가 한국에서 국민적인 시인으로 간주되고 북한에서도 높이 평가되고 있는 것은 '일제 말 암흑기'라 불리는 시대에 20세기 초반 이후의 근대문학사를 해방(1945) 이후의 문학사로 연결시키는 역할을 수행했기 때문이다.

　그는 일본의 도시샤(同志社)대학 유학 중 치안유지법 위반 혐의로 체포되어 해방 직전인 1945년 2월 후쿠오카 형무소의 옥중에서 28세의 젊은 나이로 사망했다.

　동주(東柱)는 필명을 동주(童舟)라 하고 동요·동시 시인으로 출발했다. 평화로운 시대를 만났었더라면 마음결이 고운 동시인(童詩人)으로 생을 보낼 수 있었을지도 모른다. 그러나 그는 민족의 위기와 조우했기 때문에 동요·동시의 세계에 머물러 있을 수가 없었던 것이다.

　그의 대표작의 하나인 「서시」의 전문을 소개한다.

죽는 날까지 하늘을 우러러
한 점 부끄럼이 없기를,
잎새에 이는 바람에도
나는 괴로워했다.
별을 노래하는 마음으로
모든 죽어가는 것을 사랑해야지
그리고 나한테 주어진 길을
걸어가야겠다.

오늘밤에도 별이 바람에 스치운다.

— 1941.11.20.

『北海道新聞』, 2000.4.7.

# 03 민족의 주체성을 묻는다

남정현 소설 「분지」

남정현(1933~ )의 「분지(糞地)」는 1965년 3월에 발표되었다. 한국은 때마침 박정희 대통령의 독재하에 있었으며, 정치도 경제도 문화도 전면적으로 미국에 종속되지 않을 수 없는 정세하에 있었다. 그런 상황에서 「분지」는 강렬하게 민족의 자주와 자유의 문제를 제기했다. 이 때문에 작가는 반공법에 저촉되어 2년간의 옥고를 치른다.

이 단편소설은 죽음을 눈앞에 둔 주인공 만수와 20년 전에 죽은 어머니와의 대화 형식을 취하고 있다.

일본으로부터 해방된 1945년, 만수의 어머니는 해방군이었어야 할 미국 군인에게 겁탈을 당하고는 분노한 나머지 미쳐 죽는다. 아들 만수와 그 여동생 분이를 남기고.

그런데 분이는 살아남기 위해 굴욕 속에서 미군 스피드의 온리(only, 애인)가 되고, 만수의 생활도 그 '은혜'를 입는다. 스피드가 밤마다 자신의 아내와 분이의 치부를 비교하며 모욕하는 등 분이를 학대하자, 분을 참지 못하고 있던 만수는 때마침 한국에 온 스피드 부인의 치부를 샅샅이 탐색한다. 만수는 이 때문에 미군 대부대(大部隊)에 포위를 당하고, 결국 농성을 하던 향미산(向美山)에서 죽음을 맞이한다.

이 소설은 "이방인들이 흘린 오줌과 똥물만을 주식으로 하여", "'반공'과 '친미'만을 열심히 부르짖다 보면 쉽사리 애국자며 위정자가 될 수 있는"(「분지」에서 인용) 현실을 우화적 수법을 끌어들여 예리하게 비판하면서, 예속인가 자주인가라는 민족의 주체성 문제를 제기하고 있다.

「분지」는 지나가버린 한 시대의 유물로 처리되어서는 안 되는 현대적 의미를 지니고 있다. 1998년 10월호『현대문학』이「분지」특집을 꾸민 것은 요즘 세계화니 국제화니 하며 소란스러운 사회 속에서 민족의 아이덴티티 문제가 새삼 중요하게 부각되고 있기 때문일 것이다.

『北海道新聞』, 2000.4.21.

# 04 사회의 변화를 반영하는 시

　남북 정상회담이 열리고 한반도에 거센 물결이 일고 있다. 이러한 상황에서 통일을 기원하며 10년 전에 세상을 뜬 김조규(金朝奎, 1914~1990)라는 조선민주주의인민공화국(북한) 시인의 얼굴이 떠오른다. 그는 1930년대부터 작품을 발표하기 시작하여 한때 '만주' 땅에서 교원 생활을 했고, 해방 후에는 북한에서 왕성한 창작 활동을 전개했다.

　그는 북한에서 사상 문제로 인해 두 번에 걸쳐 비판을 받았으며, 한때는 지방의 톱니바퀴 공장에서 선반공으로 일하기도 했다. 비판을 진지하게 받아들인 그는, 후일 시집·동시집·평론집 등 몇 권의 저작물을 공간(公刊)하기도 한다. 해방 전에 쉬르레알리즘(초현실주의) 시인으로 불렸던 그는, 해방 후 사회주의 사회에서 자기변혁을 지속해 나가면서 시인으로서의 인생을 보냈다. 그가 자기변혁을 했다고는 하지만, 자신의 과거를 전면적으로 부정·폐기한 것은 아니었다. 혹독한 비판을 받던 시기에도, 위험을 무릅쓰고 뒤주 안에 해방 전 작품들을 보관했다가, 훗날 개작하여 그 일부를 공표한다.

만년(晩年)에 이르러, 세상을 뜰 날이 얼마 남지 않았다는 것을 예견한 김조규는 5~6권으로 이루어진 개인선집을 계획했다. 그러나 북한에서도 한국에서도 이것은 출판될 수 없었다. 그는 자신이 체험한 70여 성상(星霜)의 생활 노정(路程)에서, 보고 느낀 것을 그대로 토로한 직재적(直截的)인 시인이었다. 독자는 그의 시에서 비약적으로 변모해 온 북한 사회의 모습을 볼 수 있음과 동시에, 서정적·감각적이고 섬세한 쉬르레알리즘 시인의 흔적도 볼 수 있다.

미국에 거주하고 있는 아우의 이름을 빌려 "이 작품집이 형의 유고집이 되지 않기를 간절히 바란다"라고 선집의 서문에 직접 적었음에도 불구하고 이 서문이 사실상 유고가 되고 말았다.

인간이 시대 및 환경과 더불어 얼마나 변할 수 있는 것인가 혹은 얼마나 변하지 않을 것인가 하는 질문에 김조규라는 인간과 작품은 하나의 대답을 준비하고 있는 것이 아닐까 생각한다.

『北海道新聞』, 2000.7.4.

# 05 시정(市井)의 애환을 묘사한 김사량

조선인 문학자 중에서 김사량(1914~1950)은 일본에서도 비교적 그 이름이 잘 알려져 있다. 가와데쇼보신사(河出書房新社)에서 간행한 『김사량 전집』 전 4권이 있고, 이와나미(岩波) 신서로 『김사량―그 저항의 생애』가 나와 있기 때문이다. 물론 진정한 의미에서의 전집은 나온 적이 없다. 가와데쇼보판(版)에도 해방 직후 조선민주주의인민공화국(북한)에서 발표된 작품이 대거 빠져 있고 교정에도 흠이 있기 때문이다.

평양에서 태어난 김사량은 1933년 일본으로 건너와 사가고등학교(佐賀高等學校)를 거쳐 도쿄대학 독문과를 나왔다. 1940년, 단편 「빛 속으로」가 조선인으로서는 처음으로 아쿠타가와상 후보에 올랐고, 일본어 작품집 『빛 속으로』와 『고향』을 출판했다. 1942년 12월 평양으로 돌아왔고, 1945년 초 재중국 조선출신학도병위문단의 일원으로 중국으로 파견된 틈을 타 탈

출, 팔로군 지배하의 해방구에 도착한다. 1945년 8월의 해방 이후에는 평양에서 눈부신 활약을 펼치는데, 한국전쟁이 시작되자 종군 작가로 남쪽으로 내려왔다가 국제연합군의 반격에 의해 북으로 후퇴하는 도중 병사(病死)했다.

김사량은 조선 본국의 문학자이지만 어떤 의미에서는 재일 조선인 문학자의 길을 연 시조(始祖)와 같은 존재이기도 하다. 그의 작품은 민족적 저항의식을 간직한 채 유려한 서정성으로 시정 사람들의 애환을 그리고 있다.

이번 여름 나는 김사량이 1941년 4월부터 다음해 2월까지 하숙하고 있던 가마쿠라시(鎌倉市) 오오기가야쓰(扇ヶ谷) 407번지 고메신테이여관(米新亭旅館)의 흔적을 찾아보았다. 신축된 탓에 당시 건물은 남아 있지 않았지만, 입구의 돌계단, 정원의 너구리 장식품과 수령(樹齡) 100년쯤 된 백목련, 온천의 흔적은 그대로 남아 있었다. 현재 살고 있는 사람의 할머니뻘 되는 분이 고메신테이의 살림을 꾸려나가면서 반은 하숙생, 반은 식객이었던 김사량을 돌봐주었다고 한다. 원래는 온천 여관이었지만 식량배급제도하에서는 여관을 꾸려나가기가 힘이 들어 빈방을 이용해 하숙을 놓았던 것이다.

당시 여섯 살이었던 고메신테이의 손자는 김사량이 자신과 잘 놀아주었다며 그 시절을 그리워했다. 그는 태평양전쟁이 시작된 다음날 사상범예방구금령(思想犯豫防拘禁令)에 의해 김사량이 헌병대로 끌려갔을 때의 일을 또렷하게 기억하고 있

었다. 할머니가 조반만이라도 해먹이고 싶다고 부탁하자, 헌
병도 방 밖에서 기다리고 있었다고 한다. 구메 마사오(久米正
雄), 시마키 겐사쿠(島木健作), 야스타카 도쿠조(保高德藏) 등의
노력으로 다음해 1월 29일 석방된 김사량은 강제송환 방식으
로 평양으로 돌아갔던 것이다.

『北海道新聞』, 2000.9.12.

# <sup>06</sup> 통일문학전집의 간행으로 활발한 교류 모색

전후(戰後)부터 1980년대 말까지에 이르는 조선 근대문학사의 서술은 대한민국(한국)과 조선민주주의 인민공화국(북한)에서 기묘한 대칭을 이루고 있다.

남북 분단 후는 어찌됐든, 19세기부터 1945년에 이르는 근대문학사상의 평가가 남과 북이 완전히 달라, 도저히 같은 나라, 같은 민족의 문학사라고는 생각할 수 없을 정도였다. 한국에서 높이 평가되는 민족주의나 예술주의 문학이 북한에서는 부르주아 반동문학으로 간주되었고, 북한에서 높이 평가되는 프롤레타리아 문학이 한국에서는 공산주의자들의 극악한 소산으로서 터부시되었다. 따라서 남북의 문학사가 각각 긍정적으로 평가한 문학자의 이름이 거의 일치하지 않는 불행한 시대가 전후 50년 동안에도 계속되었다.

이러한 경향이 한국에서는 서울올림픽을 앞두고 대폭 완화

되었고, 북한에서도 최근 10년, 양심적인 민족주의자의 문학을 긍정적으로 파악하려고 하는 경향이 생기고 있다. 근년에는 북한의 『통일문학』지가 한국의 소설과 시를 전재(轉載)하고 있으며, 한국에서는 북한문학 연구가 붐을 이루고 있다.

올해 2000년에는 김대중과 김정일 두 정상 간의 극적인 대화가 있었고 이산가족의 남북 방문이 이어졌다.

이러한 사회적 분위기 속에서 현재 한국에서 『통일문학전집』 전 100권이 기획되었으며, 내년에도 출판될 예정이다. 1945년부터 1995년까지 50년을 대상으로 한 이 전집은 남 50권, 북 50권, 그 내역은 장편소설 70권, 시 10권, 희곡 10권, 평론 10권으로 구성되어 있다. 이 전집의 목적은 "해방 이후 50년 동안 남과 북에서 각각 발표된 뛰어난 문학 작품을 선정하고, 분단 이후의 문학적 동질성과 이질성에 관한 올바른 상호이해의 기초를 정비하여, 문학을 통한 남북의 화해와 협력 그리고 문화적 통일 여건을 만드는" 데 있다.

이 전집의 발간에 관하여 북한도 양해하고 있는 듯하다. 다만 북한 작품의 선택은 한국의 북한문학 전문가의 손에 맡겨질 수밖에 없을 것이다. 어쨌든 이 전집을 계기로 남북문학과 남북문학자의 교류가 활발해질 것임에 틀림없다.

『北海道新聞』, 2000.12.19.

# 07 '만주'에서의 고뇌를 보여주는 수고(手稿)

『20세기중국조선족문학사료전집』 제1권으로 『심연수문학선』이 길림성의 연변인민출판사에서 지난해 여름 발간되었다. 심연수(沈連洙, 1918~1945)는 한반도 동해안의 강릉에서 태어나 구 만주에서 일본군에게 살해된 것으로 알려져 있다. 이번에 발굴된 것은 시·소설·수필·기행문·일기 등 상당량의 조선어 수고(手稿)이다.

중국에는 현재도 2백만 명의 조선족(국적은 중국, 민족은 조선)이 살고 있으며, 그들과 그들의 조상이 낳은 문학을, 중국에서는 중국 소수민족의 하나인 조선족의 문학으로 간주하고 있으며, 한국에서는 해외로 이주한 동포가 산출한 한국문학으로 파악하고 있다. 그러니 조선족문학은 이중국적을 갖게 되는 셈이다. 심연수도 그 가운데 한 사람이다.

심연수의 아우 두 명 중 한 명은 북한으로 가 돌아오지 않았으며, 다른 한 명은 중국에 건재하고 있다. 이번에 발굴된 수고는 모두 중국에 살고 있는 아우가 보관하고 있었다. 심연수는 일본에 유학하여 1941년 당시 토쿄 에코다(江古田)에 있는 니혼대학(日本大學) 예술과에 재적하고 있었다. 시인 김종한(1914~1944)은 같은 과의 2~3년 선배였으며, 재일조선인 작가 김달수(1919~1997)와는 거의 같은 학년이었던 셈이다.

그의 작품은 모더니즘의 영향을 상당히 받았는데, 때때로 민족성도 엿볼 수 있어 대단히 흥미롭다. 평자에 따라서는 한국의 국민 시인 윤동주와 쌍벽을 이룬다고 말하는 이도 있지만, 필자가 보기에는 그 정도까지는 아닌 듯하다. 그러나 그의 작품은 상세한 일기와 더불어 구 만주에서 태어난 조선 청년의 고뇌와 정신의 궤적을 보여주고 있어, 금후 심연수의 존재는 한국·북한과 중국을 잇는 하나의 상징적 존재로 떠오를 것임에 틀림없을 것이다.

『北海道新聞』, 2001.3.13.

# <sup>08</sup> 잊혀진 시인 김용제

김용제(1909~1994)라는 시인이 있다. 한반도와 일본에서 문학 활동을 펼쳤지만 현재는 어느 곳에서도 그 이름이 잊혀져 가고 있다. 그는 1927년 열여덟 살 때 일본으로 건너왔다. 마침 프롤레타리아 문학이 최후의 빛을 발하고 있던 시기로, 그는 우유배달 등을 하면서 신진 시인으로서 일본어로 문학 활동을 전개했다. 『프롤레타리아 시』, 『나프』 등의 잡지에 「사랑하는 대륙이여」, 「3월 1일」 기타 많은 작품을 발표하여 높은 평가를 받았다. 미야모토 겐지(宮本顯治)와 미야모토 유리코(宮本百合子) 부부, 이토 신키치(伊藤信吉), 오에 미쓰오(大江滿雄), 에구치 칸(江口煥) 등과도 친교를 맺었다. 나카노 스즈코(中野鈴子)와는 오빠인 나카노 시게하루(中野重治)도 인정하는 연인 사이였다.

1933년, 일본프롤레타리아작가동맹의 서기로서 사무소에서 일하며 살고 있던 중 치안유지법 위반 혐의로 검거되었으며, 옥중 4년간을 비전향(非轉向)으로 일관했다. 1937년, 강제로 귀국을 한 뒤부터는 『동아일보』·『조선일보』를 무대로 평론 활동을 전개하나, 1년간의 침묵 후 급격히 '친일문학'(일본 통치 권력에 추종·동조하는 문학)으로 기울어 무참하게도 친일적인 일본어 시집을 세 권 내놓게 된다. 김용제는, 프롤레타리아 문학과 친일문학이라는, 한국에서는 환영받을 수 없는 두 개의 문학 행위 때문에 전후에는 사회 활동의 장을 얻을 수 없었다.

1930년대에 있어서, 그는 일본어와 조선어라는 두 개의 언어로 일본의 식민지 지배에 용맹 과감하게 저항한 조선의 서정 시인이었으나, 그 후 극단적인 친일문학으로 내달렸다. 이러한 그의 문학 행위는 그 어느 면에서든 일본 및 일본문학에 깊이 관련되어 있어서, 한국에서의 부정적인 평가와는 상관없이 우리의 뇌리로부터 지워버릴 수 없는 존재라고 할 수 있다. 언제가 될지는 모르나 그의 조선어 작품을 일본어로 번역 출판하려고 생각하고 있다.

『北海道新聞』, 2001.7.10.

# 별 헤는 밤

季節이 지나가는 하늘에는
가을로 가득 차있읍니다.

나는 아무 걱정도 없이
가을 속의 별들을 다 헤일듯합니다.

가슴속에 하나 둘 새겨지는 별을
이제 다 못헤는것은
쉬이 아츰이 오는 까닭이오,
來日 밤이 남은 까닭이오,
아직 나의 靑春이 다하지 않은 까닭입니다.

별 하나에 追憶과
별 하나에 사랑과

별 하나에 쓸쓸함과
별 하나에 憧憬과
별 하나에 詩와
별 하나에 어머니, 어머니,

 

한용운(1871~1944)은 만해라 하며, 사상가이자 시인인 동시에 실천적인 불교인이기도 하다. 1919년 3·1독립운동 때 민족대표 33인 중 한 사람으로 독립선언서에 서명했다. 시집으로 『님의 침묵』(1926)이 있다. '님'은 보통 연인을 의미하지만 넓게는 동경하는 대상을 가리킨다. 그는 이 시집의 자서(自序)에서 "장미화의 님이 봄비"인 것처럼 "중생이 석가의 님"이라고 말한다. 중생의 님이 석가인 것이 아니다. 여기에서 그의 세계 인식과 불교혁신론의 일단을 볼 수 있을 듯하다.

"우리는 만날 때에 떠날 것을 염려하는 것과 같이 떠날 때에 다시 만날 것을 믿습니다. 아아 님은 갔지마는 나는 님을 보내지 아니하였습니다."(「님의 침묵」 부분)

그의 시에서 님은, 연인의 의미로 해석되기도 하고 조국이나 민족의 의미로 해석되기도 한다. 이별을 극복하는 재회,

그것에 대한 염원 속에서 절망을 희망으로 전환하고 잃어버린 조국의 광명 회복을 향한 희구(希求)를 발견할 수 있다.

올해(2001년) 8월 상순, 한용운의 연고지인 명찰(名刹) 강원도 백담사에서, 4일간에 걸쳐 만해사상실천선양회(萬海思想實踐宣揚會) 주최로 두 개의 국제회의를 포함한 다양한 행사가 열렸다. 내가 참가한 문학분야 심포지엄에서는 남북분단 현상을 문학이 어떻게 극복할 수 있는가하는 문제를 두고 뜨거운 논의가 펼쳐졌다. 남과 북에서 공통적으로 경애(敬愛)하는 사상가·문학자인 한용운을 남북 통합의 정신적 지주로 내세우고자 하는 한국 사람들의 의기가 넘쳐흐르는 회의였다. 통일을 향한 열기와 한국 불교의 파워는 백담사 주변 심산유곡의 경치와 더불어 나에게는 잊을 수 없는 인상을 남겼다.

『北海道新聞』, 2001.10.23.

# '10 김학철—불타오른 생애

올해(2001년) 9월 25일, 중국 길림성 연변 조선족 자치주의 주도(州都) 연길시에서 작가 김학철 씨가 사망했다. 향년 85세였다.

김학철 씨는 조선의 원산에서 태어나 중학을 중퇴한 후 상하이로 건너가는데, 1937년 중일전쟁이 시작되자 조선 독립투쟁을 위해 중국국민당 계열의 군사훈련반에 들어간다. 허나 국민당이 항일(抗日)에 소극적인 것에 불만을 품고, 동료와 함께 곧 팔로군 산하 조선의용대로 들어간다. 태항산(太行山)에서 벌어진 일본군과의 전투에서 왼쪽 다리에 부상을 당하고 체포되어 나가사키로 보내진다. 본래 전시포로(戰時捕虜)로 취급받아야 할 것을, 적국에 군사상의 이익을 제공한 일본인이라는 명목으로 치안유지법에 의거 징역 10년의 판결을 받는다. 원폭(原爆)을 위기일발로 모면하고, 왼쪽 대퇴부 절단 수술을 받아, 한쪽 발은 일본의 흙이 되었다.

1945년 해방을 맞이하여 서울로 돌아와, 문학 활동과 더불어 정치운동에도 참가하지만, 미군정하에서 좌익에 대한 탄압이 거세지자 1946년 은밀히 38선을 넘어 북한으로 간다. 평양에서는 신문기자 생활 등을 했지만 이른바 연안파라 하여 한직(閑職)으로 밀려난 후, 한국전쟁이 일어나자 미군에게 쫓겨나듯이 1950년 중국으로 들어갔고, 그 후 51년 동안을 중국 재주(在住) 조선인 작가로서 조선어로 다수의 장단편을 발표했다.

중국에서의 생활도 평탄하지는 않았다. 1957년 우파로 비판받은 이후 문화혁명기의 옥중 생활 10년을 포함하여 24년이라는 오랜 기간 작품 발표를 금지당해 왔다. 1981년 집필 해제 후엔 왕성한 문학 활동을 재개했다. 그러나 올해 들어 노령에 병까지 얻어 작가 활동이 어려워지자 병원·주사 등 모든 의료를 거부하고 단식하다 죽음에 이르렀다. 유언에 따라 유해는 두만강에 뿌려졌다. 고향 조선의 원산에 닿을 수 있도록. 한반도·일본·중국에 걸쳐 격렬하게 불타오른 생애였다.

『北海道新聞』, 2001.12.18.

# 1 | 상호이해, 일본을 앞서다

2001년 여름, 역사교과서 문제와 야스쿠니신사 문제 때문에 한국은 반일 무드로 들끓고 있었다. 대학생 등 젊은이들이 주체가 된 반일시위대가 연일 서울의 중심가 종로를 가득 메우며 행진하고 있었다. 그중에는 "일본은 멸망하라"고 쓴 현수막을 내걸고 행진하는 대열도 있었다. 곳곳에서 일본상품 불매서명운동이 벌어졌다.

2002년 지금, 월드컵 축구 공동개최를 하나의 계기로 하여 정부 차원과 민간 차원에서 한일 양국의 다양한 교류가 활발하게 이루어지고 있다. 일본 각지의 풍광이나 서민의 생활 방식이 한국의 텔레비전에서 방영되지 않는 날이 없다.

겨우 1년 사이에 한국이 반일에서 일거에 우호(友好)로 전환해 버린 것일까. 나는 그렇다고는 생각하지 않는다. 반일과 우호의 양면이 늘 한국인의 마음속에 공존하고 있다가, 상황에 따라 어느 하나가 겉으로 나타난다고 할 수 있을 것 같다.

4~5년 전, 서울의 지하철 안에서 "일본은 미워도 배워야 한다"라고 쓰인 일본어학원 광고전단지를 보고 두통을 느꼈던 적이 있다. 또 어떤 지방도시에서는 "일본인 사절"이라는 레스토랑의 벽보를 본 적도 있다.

이런 것들은 반쯤은 과거의 일이 되었다. 지금 한국의 고등학교의 제2외국어는 이대로 간다면 일본어 이수 희망자가 과반수에 이를 것이라고 한다. 많은 대학에 일본어과·일어일문과가 설치되고 있다. 졸업생의 취직률도 높은 편이다. 다만 일부 연구자를 제외하면, 일본어 수요가 대체로 실용적인 측면에만 머물고 있고, 문화적 관심도가 높지 않다는 것이 마음에 걸린다. 그러나 어찌됐든 상호이해도의 측면에서는 한국이 일본을 두세 걸음 앞서 있다는 것이 확실하다.

『北海道新聞』, 2002.3.19.

메이지(明治)부터 헤이세이(平成)까지 끊임없이 노래불리며 사랑을 받아온 일본을 대표하는 노래 100곡을, 많은 사람들의 의견을 토대로 선정하여, 그 100곡을 그림으로 그린 '우리 마음속의 풍경화전'이 몇 년 전에 열린 적이 있다. 고가(古歌)·가요곡·민요·창가 등과 더불어 동요가 100곡 중 27곡을 차지하고 있다는 것에 마음이 든든했다. 젊은이들로부터 외면당한지 오래되었다고는 하나, 지금까지도 사람들의 마음 저 깊은 곳에는 동요의 멜로디가 계속 흐르고 있는 것이다.

한반도의 경우, 가장 널리 알려져 있고, 사람들의 의식 속에 분명한 심상풍경(心象風景)을 새겨놓은 동요는 이원수(1911~1981)가 작사한 〈고향의 봄〉일 것이다. 1925년에 발표된 이 동요는 일본 지배 하에서도, 전후 한국과 북한에서도 널리 불리고 있는 문화유산적 존재이다.

나의 살던 고향은 꽃 피는 산골
복숭아꽃 살구꽃 아기 진달래
울긋불긋 꽃대궐 차리인 동네
그 속에서 놀던 때가 그립습니다

꽃동네 새동네 나의 옛고향
파란들 남쪽에서 바람이 불면
냇가에 수양버들 춤추는 동네
그 속에서 놀던 때가 그립습니다

1992년, 아직 한일 문화교류가 제한되어 일본 노래가 한국에서 불릴 수 없었던 시대에 일본의 탄포포어린이합창단과 한국의 풀초롱어린이합창단이 한국에서 '만남의 콘서트'를 연 적이 있다. 그때 일본의 합창단이 〈고향의 봄〉을 한국어로 불러 우레와 같은 박수를 받았다. 나는 국제 문화교류의 참된 모습을 눈앞에서 보면서, 내가 뒷일을 맡은 사람이라는 사실도 잊고 감동에 빠져들었다.

또 1991년 중국 길림성에 있는 연변 조선족 자치주에서 '국제고려학회 소장학자 심포지엄'이 열렸을 때 남과 북에서 온 젊은 연구자들이 많이 모였는데, 회의가 끝나고 마련된 연회석에서 남북의 청년이 어깨동무를 하고 자꾸만 반복해 부른 노래가 바로 〈고향의 봄〉이었다. 남북의 전후세대가 함께 부

를 수 있는 노래가 전전(戰前)의 동요밖에 없다는 현실을 뼈저
리게 느끼는 한편으로, 남북이 공감할 수 있는 이러한 문화적
토양이 있으니 민족통일의 날이 언젠가는 반드시 오리라는
것을 확신했던 것이다.

『北海道新聞』, 2002.6.18.

'친일문학'이라는 용어는 대한민국과 조선민주주의인민공화국(북한)에서 민족의 주체성을 방기(放棄)하고 일본의 통치권력에 추종·동조한 문학이라는 의미로 사용된다. 1939년부터 창씨개명(일본식으로 성을 만들고 이름을 바꾸는 것)과 함께 '국어'로서의 일본어 창작이 혹독하게 강요되었다. 문학잡지도 일본어 잡지 하나로 제한되었다.

민족의 언어로 글을 쓸 수 없게 된 문학자의 고통은 이루 말할 수 없다. 그것이야말로 '횡설수설' 일본어로 쓸 수밖에 없는 것인데, 그것도 '횡설수설'인지 '수설횡설'인지 분간조차 할 수 없는 상태였다. 게다가 국책을 따르는 내용이어야만 했고, 더욱 가혹한 것은 침묵이 허용되지 않는 것이었다.

그렇다고 해서 그런 상황 속에서 쓰인 작품이 마음속 깊은 곳에서부터 친일을 의도한 것이었는가라고 한다면, 그렇다고는 할 수 없다. 예를 들면 민요시인 김종한(1914~1944)은 어떤 좌담회에서 "조선의 옷을 입고 조선의 온돌에서 잠을 자도 훌륭한 황민(皇民)이 될 수 있다"고 발언했다. 이것을 '훌륭한 황민'이 되겠다는 결의를 표명한 것이라고는 볼 수 없다. 일본이 온돌은 비경제적인 데다가 나태를 조장하기 때문에 화로로 바꾸라며 민족적 생활 풍습까지 말살하고자 했던 것에 대해, 합법의 틀 안에서 그것을 거부한 발언으로 보아야 할 것이다.

한국과 북한의 문학사가들에 의한 친일문학 규탄은 지금도 계속되고 있다. 그것은 민족주체성 확립을 위한 역사적 필연이라고 말할 수 있다. 그러나 최근에는, 일본어를 공부하는 한국의 젊은이가, 부모나 친구들에게 다른 말을 배우고 있는 양 속이는 등의 사회적 분위기는 일소되었다. 올해부터는 서울대학에서도 일본 연구 과정이 발족했다. 역사문제는 역사문제로 인식하면서도, 가장 가까운 아시아의 이웃나라로서 한일 상호 이해와 협력이 요구되는 시대가 도래했다고 할 수 있을 것이다.

『北海道新聞』, 2002.9.3.

# 14 겸허하게 살아가는 북한의 일반 서민

올해(2002년) 9월, 중국 길림성에 간 김에 발길을 뻗쳐 조선 민주주의인민공화국(북한)의 자유경제무역지대인 선봉·나진 일대를 당일치기로 여행하고 왔다. 하루 동안 한 지방을 본 것만으로 북한 전체를 다 말할 수는 없겠지만, 중국여행사에 260달러(그중 150달러는 북한의 몫이다)를 지불한 짧은 여행의 인상을 얘기하자면, 일본에서 말하고 있는 정도의 참상은 북한이 겪고 있지 않다는 것이다.

노인들이 큰 나무의 그늘에 앉아 세상 돌아가는 이야기에 흥을 돋우고 있거나, 중년 여성이 길가에서 떡을 팔고 있는 모습 등은 한국의 풍경과 별로 다른 바가 없었다. 자유 시장에서는 쌀과 전기제품 외에는 뭐든지 팔고 있었다. 물건을 파는 아주머니들과 이야기에 정신이 팔려서, 산 팥떡을 가방에 넣는 것도 잊을 정도였다. 바닷가인 까닭에 삶은 털게가 한

마리에 일본 돈으로 60엔, 산 것은 105엔(냉장고가 없다)으로 쌌지만, 아이스크림은 하나에 30엔으로 상당히 비쌌다.

선봉·나진에서 트럭은 자주 눈에 띄었지만 승용차나 버스, 자전거는 별로 보이지 않았다. 사람들은 짐을 짊어지고 비포장도로를 오로지 걷고만 있었다. 자전거 한 대가 얼마나 귀중한지는 작년 『조선문학』(조선작가동맹중앙위원회 기관지)에 실린 단편소설을 보아도 알 수 있다. 그 소설의 테마는 군대를 신뢰하고 옹호하자는 것이었다. 행군 중 병사 한 명이 병에 걸려 본대(本隊)에서 뒤쳐지고 만다. 그것을 본 마을 청년이 자신의 일 년 소득과 맞먹는 귀중한 자전거를 이름도 묻지 않고 빌려준다는 이야기이다.

소설이라는 것은 테마나 작자의 의도를 떠나 의외로 정직하게 현실을 전해 주는 면을 갖고 있다. 변경 지역에서는 일부 경공업 제품이 부족한 듯하다. 하지만 그런 생활환경 속에서도 겸허하고 성실하게 살아가고 있는 북한의 서민들에게 나는 성원을 보내고 싶다. 전전(戰前) 일본에 의한 조선인 강제 연행이나, 전후 북한에 의한 납치 사건 등 국가 권력에 의한 범죄 행위는 아무리 증오해도 모자라지만, 정부·국가 차원을 떠나 시민의 레벨에서 우호의 길을 모색하지 않으면 아니 된다고 생각한다.

『北海道新聞』, 2002.11.26.

# 15 무거운 과제 짊어진 제주도

한국 본토의 남서 해상에 제주도가 있다. 도쿄도(東京都) 면적의 90% 정도 되는 섬이다. 제주도는 고려시대, 원(元)에 대한 무력저항의 최후 거점이었고, 조선시대에는 중앙의 정쟁(政爭)에서 패한 자들의 유배지였다.

지금이야 풍광명미(風光明媚)한 관광지로서 인기가 있지만, 제2차 세계대전 중에는 6만 명의 일본 군대가 상주하고 있었다. 미군이 오키나와에 상륙하긴 했지만 제주도 상륙의 가능성도 컸기 때문이다. 지금도 섬의 산악지대에는 장대한 지하 사령부 흔적이, 평지에는 전투기 격납고가, 해안선에는 인간어뢰 '회천(回天)'기지 터가 남아 있다.

전후 1948년, 제주도는 5만 명 혹은 8만 명이라고도 하는 희생자를 낳은 4·3사건을 경험했다. 조국의 자주통일과 38선 이남의 단독선거에 반대하여 봉기한 민중이, 그 후 10년간에 걸쳐 정부군과 미군을 상대로 무장투쟁을 전개했던 것이다. 김대중 정권에 이르러 겨우 명예회복이 이루어졌지만, 그때까지 오랜 기간 사자(死者)들은 '빨갱이'로서 사회적으로 기피되어 왔다. 미소 냉전구조에 기인한 불행한 사건이었다.

이러한 제주도의 역사와 사회가 낳은 제주문학은 한국문학 중에서도 특히 무거운 과제를 짊어지고 있다. 제주문학은, 물론 한국문학 중에서는 지방문학 중의 하나다. 그러나 한국 안에서 가장 신산(辛酸)한 세월을 맛본 제주도의 문학은 가장 인간적이고, 가장 한국적이어서, 그것을 통하여 세계문학이 될 수 있지 않을까 생각한다.

제주문학의 중간결산으로 제주문인협회에서 엮은 『제주문학전집』 전 7권(1997~1998)이 수년 전에 출판된 적이 있는데, 일본에서는 내가 번역한 『탐라 이야기-제주도문학선』(高麗書林, 1996) 한 권이 나와 있을 뿐이다. 가까운 장래에 또 한 권의 제주문학 작품집을 번역 출판하고 싶다.

『北海道新聞』, 2003.2.25.

# <sup>1</sup>6 수준 높은 네 개의 선집

요즘 매스컴이 전하는 북한의 이미지는 대체로 야만적이고 가난한 나라, 문화가 고갈된 나라, 이런 류가 아닌가 싶다. 그러나 일면 또 다른 측면도 있다는 것을 간과해서는 안 될 것이다.

북한의 각종 조선문학선집, 세계문학선집류를 보면 이 나라의 가능성과 잠재력이 얼마나 큰지를 새삼 느끼게 된다. 특히 1987년부터 계속 출판되고 있는 『현대조선문학선집』, 『조선고전문학선집』, 『세계문학선집』, 『세계아동문학선집』 4종, 각각 100권의 책이 거의 빠짐없이 나오고 있는 상황을 보아도 그 문화적·학술적인 질이 높다는 것을 알 수 있다.

이러한 선집이나 전집류를 내놓기까지는 당연히 사전에 작품 평가나 출판의 의미를 둘러싸고 내부 토론이 있었을 것이며, 그 배후에는 많은 문학 연구자와 번역가가 있어야만 하는 것이다.

앞의 『세계문학선집』의 예를 보면, 그리스의 『오딧세이아』, 단테의 『신곡』을 비롯하여 스탕달의 『적과 흑』, 도스토예프스키의 『죄와 벌』 등 일본의 문학 전집에서도 낯익은 작품들이 나열되어 있다.

일본과 다른 점이라면 몽골·루마니아·브라질·알제리아·이집트·베트남 등 이른바 제3세계의 작품이 많은 점 같은 것일 것이다. 발행부수도 각권 1만부라는 것으로 보아 사회적 영향력도 만만치 않음을 알 수 있다.

북한 사회에서는 비사회주의 국가의 작품도 대중 차원에서 널리 읽히고 있다는 것을 알 수 있다. 체제는 달라도 외국의 문화를 알고, 흡수해야 할 것은 흡수하고자 하는 노력이 한편으로 꾸준히 이어지고 있다는 사실도 잊어서는 안 될 것이다.

『北海道新聞』, 2003.5.20.

 높아지는 북한문학 연구열

1988년 서울올림픽을 앞둔 1987년 6월, 한국은 민주화를 선언한다. 건국 이래 반공을 국시(國是)로 하여 북한과 적대관계를 이어온 한국은 어렵사리 국내적으로는 탄압을 대체하는 민주화를, 대외적으로는 남북적대에서 공존으로 향하는 길을 모색하기 시작했던 것이다.

문학의 측면에서도 그것은 재북(在北)·월북문학자의 해금이라는 형태로 나타났다. 그 이전까지는, 1945년 해방 시점에서 38선 이북에 거주하고 있었거나(재북), 해방 직후 혼란기에 38선을 넘어 북으로 간(월북) 문학자의 작품은, 소지하는 것은 물론 읽기만 해도 처벌을 받았다. 따라서 남북분단 이전의 문학사도 당연히 하나여야만 했을 터인데도, 남북에 완전히 다른 두 국가의 문학사가 있는 듯한 반쪽상황[片肺狀況]을 드러내고 있었다.

그 후 김대중·노무현 대통령의 햇볕정책시대를 맞이하여 여러 우여곡절을 겪으면서도 남북교류의 통로는 조금씩 넓어지고 있다고 말할 수 있다.

두 번 다시 동족살상의 한국전쟁이 되풀이되어서는 안 된다. 이것은 남북 공통의 인식이다. 최근 한국에서는 북한에 대한 관심이 높다. 그것도 일본의 북한 비난과 달리, 일정한 비판정신을 갖고 있으면서도 민족공동체로서의 친근감이 깔려 있는 관심이다.

한국의 대학 중에는 '북한학과'가 만들어진 곳도 있다. 학과는 없지만 국문과 안에 북한문학에 대한 강좌가 설치된 대학들도 많다. 그러나 연구교육자를 졸속으로 육성할 수는 없는 노릇이기 때문에 중국 조선족 북한문학 연구자를 한국의 대학으로 불러 강의를 듣는 현상마저 생기고 있다.

현재 한국에서는, 정부 기관인 통일원 자료실에 가면 북쪽의 문헌을 자유롭게 읽을 수 있다. 일반 서점에서도 북쪽 서적이 많이 복각되어 시판되고 있는 것이 눈에 띈다. 그것만으로도 한국이 자신감을 가졌다는 것, 동시에 같은 민족 이웃에 대한 관심이 높다는 것을 알 수 있을 것이다.

『北海道新聞』, 2003.8.5.

# 18 이제야 인정받게 된 임종국의 친일문학 연구

올해(2003년) 8월 22일, 한국의 KBS 텔레비전은 다큐멘터리 프로그램 〈인물현대사〉의 일환으로 역사가이자 문학사가인 임종국(1929~1989) 씨를 다루었다.

임종국 씨는 1966년에 『친일문학론』(일본어 역은 大村益夫 譯, 高麗書林, 1976)을 썼다. 이 책은 1945년 8월까지 거의 10년간 일본 지배하에서의 조선인 문학자의 발언을, 비판의 의미를 담아 객관적으로 서술하고 있다. 한국에서 말하는 친일이란 민족의 주체성을 내팽개치고 일본의 지배에 추종한다는 의미이다.

제2차 세계대전 후, 친일문제의 청산보다도 반공과 남북 대립을 가장 우선시해 온 한국 사회는 전전(戰前)의 대일협력자가 그대로 사회 지도층으로 자리 잡고 있었다. 거기에 1965년 한일조약이 체결되자, 임종국 씨는 위기의식에 사로잡혀 『친일문학론』을 집필했을 것이다.

임종국 씨는 춘추의 필법으로 객관적 사실만을 쌓아 올려 전전의 문화적 상황과 문학자들의 발언을 재현해 보여주었다. 저명한 사람이든, 권력자든, 대학의 은사든 그리고 자신의 부친이든 그는 집필에 임할 때는 붓을 굽히지 않았다. 한국 사회는 그런 그에게 철저한 무시와 사회적 압력으로 대응했다. 임종국 씨는 말하자면 '식량보급선을 끊는 포위공격'의 대상이 되어야 했다.

40대 후반 임종국 씨는 생활을 위해 서울 교외에 밤나무 밭을 일구기 시작했다. 나는 두 번 임종국 씨의 집을 찾아갔다. 길도 없는 산꼭대기에 경운기로 자재를 실어 날라 자력으로 지었다는 집의, 침침한 자가발전(自家發電) 불빛 아래서 사과상자를 책상 삼아 원고를 쓰고 있었다.

그럼에도 밝고 명랑한 성격의 그는 흥이 오르면 프로 수준의 기타 솜씨를 보여주었다. 저녁식사 때는 밤밥, 아니 밤 위에 밥알이 붙어있는 밥밤을 대접해 주었다.

사후 14년이나 지나고 난 뒤, 어렵사리 이뤄진 것이긴 하지만, 임종국 씨의 작업이 인정받게 되었다는 것은 반가운 일이다. 그리고 그것은 한국 사회가 그만큼 성숙했고, 역사를 냉정하게 직시할 수 있을 정도로 전진했다는 것을 보여주는 것이라 할 수 있을 것이다.

『北海道新聞』, 2003.10.28.

침묵이 강요되었던 당시의 상징

▲ 조선의용군 군영이 있던 허베이(河北)성 태항산 줄기인 스자좡(石家莊)시 후자좡(胡家莊) 마을 입구에 세워진 김학철 항일 문학비. 김사량의 문학비와 나란히 세워져 있다.

# 19 침묵이 강요되었던 당시의 상징

1938년 이른 봄, 사토 하루오(佐藤春夫, 1892~1964)는 니혼(日)대학 전문부 문예과에 유학중이던 청년 시인 김종한(1914~1944)에게 편지를 써서 보냈다. 김종한이 67편의 시 원고를 들고 하루오의 집을 찾아 거리낌 없이 강평을 부탁한 것에 대한 답변이었다.

> 그대의 원고를 오늘 보았소 「스페인풍의 연가」, 「대구(對句)」 등의 시풍(詩風)도 재미있으나, 「거종(巨鐘)」, 「동면(冬眠)」의 본격적인 시정(詩情)이 경애스럽고, 고요선(古謠選) 번역도 훌륭하오 (…하략…)

하루오는 김종한의 재능을 인정하고, 앞으로도 창작을 계속하라고 격려하고 있다. 「거종」이라는 작품은 김종한이 스

무살의 나이로 문단에 막 데뷔했을 때의 작품인데, 지금도 서울시 중심에 있는 보신각종을 노래하고 있다. 시험 삼아 번역해 보면 다음과 같다.


구만장안(九萬長安)을 울리는 거종(巨鐘)이
go stop 표시판(標示板)을 바라보며
감개무량히도 침묵하고 있구나……


우렁찬 소래를 질러 새벽을 불으고
유원(幽遠)한 여운(餘韻)을 날러 밤을 告하는 때도 있으련만
지금에 운명을 질머진 그의 가삼이
설을가? 애닲을가? 또는 虛無할는가?

침묵―
아마도 그는 그에게 남긴 옳은 길을 밟고 있는구나.

―「거종」, 『中央』, 1934.3.


이 시에서 노래하고 있는 거종은 침묵을 강요당했던 당시의 조선을 상징한다고 할 수 있다.

그런데 하루오의 편지에 적혀 있는 「스페인풍의 연가」는 김종한이 생전 어디에도 발표한 흔적이 없다. 오랫동안 찾아오다

가 최근에야 겨우 알게 되었다. 근년 한국에서 출판된『작고문
인 48인 육필서간집』에 수록된, 김종한이 여성작가 최정희
(1912~1990)에게 보낸 일본어 러브레터가 그 시였다.

　　　나는 고독한 시계입니다
　　　당신은 내 안의 진자(振子)입니다

　단 2행의 연서(戀書)인데 애절한 사모의 정이 넘쳐흐르고
있다.

『北海道新聞』, 2004.1.20.

# 20 각광받지 못한 초조감

　한국을 대표하는 문학잡지『문학사상』이 올해(2004년) 3월호
에서 '세계문학 속의 한국문학의 좌표' 특집을 마련했다. 이
특집은 음악·미술·무용·영화 등의 장르에서는 한국의 예
술가들이 세계적으로 각광을 받고 있는 데 비해, 문학 분야에
서는 왜 세계의 지방문학의 영역을 벗어날 수 없는 것인가라
는 문제의식에서 나온 것이라고 하겠다. 그 배경에는 한국이
왜 노벨문학상을 받지 못하는가라는 조바심이 놓여 있는 듯
하다.

　한국은 자국의 문학을 세계에 알리기 위해 한국문학번역원
을 만들고 1996년 이래 번역 출판을 지원하고 있다. 번역자와
출판사에 상당한 금액을 지원하는 기구이다.

　그러나 우리들 외국인 연구자는 한국의 그러한 제도나 바
람과는 상관없이, 우리에게도 필요하고 일본 사회에도 필요

하다고 생각되는 작품을 찾아내 번역 소개하는 자세를 일관되게 유지하고 싶다.

이 특집과 관련하여 한국의 저명한 문학자, 평론가, 대학교수 145명을 대상으로 한, '세계명작소설 100선'으로 무엇을 고를 것인가라는 설문조사 결과를 실었다. 그 베스트 10을 보면, 카뮈의 『이방인』(프랑스), 도스토예프스키의 『카라마조프가의 형제들』(러시아), 『톨스토이의 『부활』(러시아), 카프카의 『변신』(독일), 생텍쥐페리의 『어린왕자』(프랑스), 가르시아 마르케스의 『백년의 고독』(콜롬비아), 단테의 『신곡』(이탈리아), 헤밍웨이의 『노인과 바다』(미국), 세르반테스의 『돈키호테』(스페인), 샐린저의 『호밀밭의 파수꾼』(미국) 순이다. 콜롬비아의 마르케스가 6위를 차지하고 있다는 점이 일본과 다른 듯하다.

덧붙이자면 일본문학에서는 가와바타 야스나리의 『설국』이 46위, 무라카미 하루키의 『노르웨이의 숲』이 78위로 얼굴을 내밀고 있다.

『北海道新聞』, 2004.4.6.

# 21 한국, 지금은 일본 여성이 동경하는 땅

근년 일본과 한국은 민중 차원에서 그 심리적 거리를 급격하게 좁혀 왔다. 그런 현상은 영화·요리·축구·야구·가요·패션 등의 방면에서 특히 두드러지고 있는데, 그중에서도 〈겨울소나타〉(원제는 〈겨울연가〉)는 일본에서 폭발적인 인기를 누리고 있는 듯하다.

실은 이번 여름, 나는 지역의 지인(知人)들로부터 한국 관광의 가이드 역을 부탁받았다. 〈겨울소나타〉를 낳은 한국의 거리를 걷고, 한국의 보통 사람들의 생활을 접하고 싶다는 것이었다. 이 사람들의 한국열(熱)은 욘사마(배용준) 추종열과는 그 정도를 비교할 수 없을 정도로 높다.

한국은 지금 일본 여성의 동경의 땅으로 바뀌었다. 이것은 한일관계사에서 대서특필해야 할 획기적인 사건이다. 대학에서는 한국인 유학생과 일본인 학생 간의 연애도 적잖이 볼 수 있다.

한일 간의 연애란, 20~30년 전이라면 부모 자식의 인연을 끊을 정도의 각오를 하지 않으면 안 되는 것이었지만, 요즘 젊은이들은 아주 가뿐하게 국경과 민족과 역사를 넘어서 버린다.

우리 세대가 조선학(朝鮮學)과 씨름할 때에는 '해야 한다'는 생각에서부터 출발했다. 나의 경우도 대학원생 시절에 청조 말기의 중국문학을 전공하던 중, 동시대의 조선문학을 이해하지 않으면 안 되겠다는 인식에서 조선어 초보를 배우기 시작했던 것이다.

요즘의 젊은이는 좋아하기 때문에 한반도의 인간과 문화를 접한다. 그 어떤 망설임도 없다. 오히려 이것이 출발점으로서는 이상적인 것일 것이다. 다만 한 가지 걱정스러운 것은, 일본 사회에서 볼 수 있는, 북한에 대한 이상한 혐오감과 한국에 대한 동경이라는 괴리 현상이다. 한국에는 일본의 대북한 혐오감 같은 것은 없다. 한국과 북한은 역사·언어·전통 문화 그리고 민족의 핏줄까지 공유하고 있기 때문이다.

『北海道新聞』, 2004.6.29.

# 22 남북융화를 위한 교류의 진전

　　대한민국과 조선민주주의인민공화국은 지그재그의 길이긴
하지만, 조금씩 화해와 융화의 방향으로 나아가고 있는 것처
럼 보인다.

　　올해(2004년) 8월 3일부터 7일까지 평양에서 개최된 '제2회
세계조선학자대회'는 원래 한국정신문화연구원과 조선사회
과학원이 공동으로 주최했던 것인데, 한국 측이 참가할 수 없
어서 공동 주최가 무산되었으며, 대회도 소규모로 끝나고 말
았다. 그러나 오는 10월에는 양쪽에서 각각 50명씩 참가하는
남북작가대회가 평양에서 열릴 예정이다.

　　일본 사회에서는 북한은 비인도적인 암흑사회라는 이미지
가 만들어지고 있지만 한국에서는 그렇지 않다.

　　일본인은 남북 양국이 역사·언어·문화를 공유하고 있는 같은
민족이라는 사실을 잊어버리고 있다는 느낌을 지우기 어렵다.

최근 한국영화 〈태극기 휘날리며〉가 보여준 바 있듯이, 한국전쟁은 문자 그대로 형제간의 살상극이었다. 이러한 비극을 두 번 다시 되풀이하지 않기 위한 방법은 남북융화의 길밖에는 없다는 생각도, 다양한 문화교류를 추진시키는 데 필요한 하나의 원동력이 되었을 것이다.

조선작가동맹 기관지 『조선문학』(평양 발행) 2004년 8월호는, 8월 15일이 해방기념일(한국에서는 광복절이라고 부른다)이기도 해서 그렇겠지만, 항일투쟁특집호라는 느낌이 강하다. 권순길의 소설 「갈대밭」은 일본인 감시 하에서 강제 노동에 동원된 조선인 노동자를 그리고 있으며, 박천골의 시 「역사의 증언」은 "유구한 역사의 이름으로", "영원한 화근(禍根) 일본제국주의"를 규탄하고 있다. 일본인으로서는 읽기가 고통스러운 특집호이다.

그런데 주목해야 할 것은 동족상잔의 한국전쟁을 경험했으면서도, 한국을 비난하고 규탄하는 작품이 북에서는 최근 10년 이래 대단히 적어졌다는 점이다. 일본은 너무 한 편으로 치우칠 게 아니라 남과 북을 등거리에 놓고 보는 시점도 필요하지 않을까.

『北海道新聞』, 2004.9.14.

# 23 남북을 넘어 높이 평가되는 『인간문제』

강경애(1906~1944)라는 작가가 있었다. 지금까지 네 편의 단편이 번역되어 있지만 일본에서는 그렇게 잘 알려져 있지 않다. 그러나 그녀가 1930년대 조선 근대문학을 대표하는 작가 중의 한 사람이라는 것은 틀림없다. 강경애의 대표작은 장편소설 『인간문제』이다. 이 작품의 전반부는 농촌이 무대이다. 소작농의 자식인 첫째와 빈농의 딸 선비의 가혹한 생활을 통하여 당시 농민들이 얼마나 비인간적인 생활을 강요당했는가를 극명하게 묘사해내고 있다.

결국 첫째는 땅을 떼이고, 선비는 지주에게 성적 유린을 당한 후 마을을 떠나 각각 인천의 공장에서 일하게 된다. 두 사람은 그 후 다양한 사회적 모순과 부딪치면서 "인간이 걸어갈 앞길을 가로막는 시커먼 덩어리"를 털어내야 한다는 인식에 도달한다.

『인간문제』는 조선이 낳은 최고의 문학적 성과 중 하나라고 할 수 있다. 당시의 많은 좌익문학 작품이 관념적·추상적이고 구호만 요란한 경향이 강했던 데에 반해, 『인간문제』는 조선 사회 속으로 깊이 내려가, 농촌과 도시에서 곤궁을 겪은 한 사람 한 사람의 인물 형상을 생생하게 그리고 있다. 문학 이념을 달리하는 한국과 북한 모두가 『인간문제』를 높이 평가하고 있는 것은 이런 이유 때문일 것이다.

그런데 올해(2004년) 8월 강경애의 묘가 북한에 있다는 것이 재일조선인 연구자의 손에 의해 처음으로 밝혀졌다. 묘는 1949년 저명한 문학자들에 의해 세워졌다.

강경애 전집이 한국에서 출판된 것이 1999년. 본격적인 강경애 연구는 이제부터 진행될 것이다.

나는 지금 일본어 번역문제 때문에 『인간문제』와 씨름을 하고 있다. 『조선근대문학선집』 전 16권 중의 한권으로 내년 상반기까지는 어떻게든 출판할 생각이다.

『北海道新聞』, 2004.12.7.

# ²4 재일조선인의 '모국어 문학'

2004년 12월 11일, 와세다대학에서 와세다대학조선문화연구회와 해외동포문학편찬사업추진위원회(한국), 재일본조선문학예술동맹(북한)의 공동주최로 '재일본 조선인 조선어문학의 현상과 과제'라는 주제의 세미나가 열렸다.

이 세미나의 새로움은 남북의 연구자가 한 자리에 모여 해외에 있는 문학자의 작품을 이데올로기를 넘어 논하고자 하는 데 있다. 또 하나의 새로움은, 재일조선인 문학이라면 흔히 일본어에 의한 문학 활동을 주목하지만, 그런 게 아니라 재일조선인이 모국어로 작품을 쓰고 있다는 것을 논하고자 한다는 데 있다.

회장(會場)에는 전전(戰前)부터 일본에 살고 있는 조선인 문학자가 많이 왔고, 그중에는 한국 정부에 의해 추방당한 한국인 문학자, 근년에 일본으로 건너온 뉴커머(newcomer) 한국인

등도 있었다.

  그들은 비록 일본에서 읽어주는 사람은 적지만 자신의 조국의 언어로 쓰는 것이 절대적인 것이라는 의식 하에 창작하고 있다.

  조선어 문학 작품의 일례를 들어보자. 「이모의 전화 소리」라는 제목의 시이다.


"아이구,
니, 소식 한번 전하지도 않고……"

8순된 이모의 첫마디
흑흑 느끼는 60여해만의 이모 첫마디

이모 등에 업혀 어릴적 나는
땋은 머리를 잡아당기며 "잠자리, 잠자리"라 불렀지

노을진 내 고향 산촌의
'잠자리 머리'도 곱던 처녀때 이모

지금은 백발되여 느껴우는 이모 목소리
지금은 백발되여 찢어지는 내 가슴

"아이구, 귀향도 못하고 니 어머닌
그만 객지에서 떠나셨다고? 쯧쯧……"

—김학렬,『종소리』20호, 2004.10.

작자는, 분단된 지 이미 60년, 전화로라도 통화할 수 있게
된 재일조선인 시인이다.

『北海道新聞』, 2005.3.8.

# 25 무궁화와 민족의 기개

한국의 국화(國花)는 무궁화이다. 토질을 가리지 않고 꽃을 잘 피우며 화기(花期)가 길다는 점 때문에 민족의 강한 끈기와 강한 의지의 상징이 되어 있다. 한국 고려대학교의 기숙사 길은 양쪽에 무궁화가 심어져 있어서 인상적이었다.

4~5세기의 중국 문헌에도 조선의 꽃으로서 "군자의 나라에 훈화초(薰花草)가 있다. 아침에 피었다가 저녁에 시든다"라는 기록이 나온다.

그런데 이 무궁화가 중국에서도 일본에서도 그다지 운수가 좋은 꽃으로 간주되지는 않는다. 단명(短命)의 상징이기 때문이다. 일본의 경우, 내가 알고 있는 것은 야마나시현의 일부예이지만 그 지방에서는 묘지에 곧잘 무궁화를 심는다. 명이 짧은 것을 애도하는 뜻이리라.

한국에서는, 나팔꽃처럼 꽃송이 하나하나는 단명하지만,

끊임없이 피어 쉬임이 없다는 점에 역점을 두고 있다. 앞서 가던 이가 쓰러져도 그것을 타고 넘어 나아가는 민족의 기개를 나타낸다고 할 수 있을 듯하다.

무궁화를 가리켜 조선어에서는 '무궁화(無窮花)'라고 한다. 어쩌면 '목근화(木槿花)'의 음에서 온 것인지도 모른다. 그렇다면 '무궁화'는 한자의 음을 빌려 쓴 차용어라는 애기가 된다. '무궁화'(끝이 없는 꽃)가 한국에서 국화가 될 수 있었던 것은 많은 희생을 치른 오랜 고난의 역사가 있었기 때문일 것이다.

근년 한국 남부에서 가로수 등으로 벚나무가 심어지고 있다. 수십 킬로미터에 이르는 벚나무 가로수 사이를 달리는 버스에서 바라본 경관은 보는 자를 압도한다. 한국의 지인에게 일본의 국화라는 것을 의식하지 않느냐고 물었더니, 한국에 있는 재래종을 개량한 것이기 때문에 일본의 벚나무와는 관계가 없다고 설명해 주었다.

덧붙여 말하자면, 조선민주주의인민공화국의 국화급의 꽃은, 모란과 흡사한 진홍색의 김정일화이다. 당과 국가에 대한 충성심의 상징이라고 한다.

『北海道新聞』, 2005.5.25.

『김종한 전집』이 도쿄의 료쿠인쇼보(綠蔭書房)에서 출판되었다. 편자는 후지이시 다카요(藤石貴代), 심원섭(沈元燮), 호테이 도시히로(布袋敏博), 오오무라 마스오 네 명이다. 이 책은 일본과 한국을 통틀어 처음으로 나온 김종한(1914~1944)의 전집인데, 조선어와 일본어로 쓰인 것을 그대로 영인하여 수록한 850면에 달하는 저작집이다. 시·민요·평론·서평·수필·번역·좌담회·편집후기·서간에서부터 지인과 관계자의 회상, 추도문까지, 모을 수 있는 한 싣고 있다.

김종한은 니혼대학 전문부 예술과를 졸업한 후, 한때 부인화보사(婦人畵報社)에서 일하면서 조선 문화를 일본에 소개하는 일을 했다. 부인화보사의 여성 사원과 히비야의 레인보우 그릴에서 커피를 마시며 스승으로 섬기는 사토 하루오의 「먼 불꽃놀이」를 읊조리기도 하는, 다소 스타일리스트적인 면도 갖고 있었다. 야나기다 구니오(柳田國男)를 존경하고, 체홉의 섬세하고도 투명한 사랑에 경도되었다. 그는 어느 평론에서 이렇게 말하기도 했다.

"알사스의 한 소년의 이야기, 프랑스어 소설 「마지막 수업」 때문에 도데를 사랑했다. 스즈키 미에키치(鈴木三重吉)의 「검은 머리(黑髮)」, 「물떼새(千鳥)」의 순정에 덩치 큰 사내가 울기도 하고, 사라져 가는 것에 대한 연가의 아름다움을 구니키다 돗보(國木田獨步)의 「도요오카선생(豊岡先生)」에서 만끽했다."

김종한의 작업은 진정 사라져 가는 조선 문화에 대한 연가였다.

그는 시 「원정(園丁)」에서 돌배나무에 어린 사과나무를 접붙이는 모습을 노래하고 있다. 이 시에서 돌배가 조선을, 사과가 일본을 비유하고 있다는 것은 일견 명확하다. 당시는 '황민화'의 바람이 거세게 불고 있던 시기로, 일본은 돌배나무의 뿌리를 파내고 조선에 사과나무를 심으려 하고 있었다.

김종한은 그것을 인정하지 않았다. 돌배는 돌배 나름대로, 사과는 사과 나름대로 장점과 단점을 지닌 평등한 존재라고 생각했다.

김종한의 일본어 시의 일절을 소개하기로 한다.

손수건처럼 조신하자 하다가
손수건처럼 더러워져 돌아온다

제2차 세계대전 시기를 고뇌 속에서 보내고 겨우 서른 살
의 나이로 서울에서 타계한 김종한.『김종한 전집』은 나에게
있어 「시인 김종한의 경우」(『아사히신문』 석간, 1978.3.3)를 쓴 이
래 27년만의 추모비이다.

『北海道新聞』, 2005.8.2.

## 27 조선어의 아름다움을 추구한 시인 정지용

1995년 윤동주(1919~1945)의 시비(詩碑)가 쿄토의 도시샤대학
에 세워졌는데, 이번에 윤동주의 스승이기도 한 정지용(1902~
1950?)의 시비가 내년 봄 같은 도시샤의 캠퍼스에 세워지게 되
었다고 한다.

정지용은 조선 근대시를 구축한 사람 중 한 명이다. 정지용
만큼 조선어의 아름다움을 갈고 닦아 완성한 사람도 드물다.

1923년 스물한 살의 나이로 도시샤대학에 입학. 초기에는
기타하라 하쿠슈(北原白秋)가 주재하는 『근대풍경(近代風景)』에
기고하기도 했다. 1929년에 귀국, 휘문고등보통학교에서 영어
교사로 일하면서 『정지용 시집』, 『백록담』을 출판. 아울러 많
은 젊은 시인을 문단으로 내보냈다.

해방 후에는 서울에서 대학 교수, 신문 주간 등으로 일했
는데 1950년 한국전쟁 중 "북한으로 갔다"고 알려진 후 소식

이 끊겼다. 북으로 갔다는 이유로 그의 시집은 한국에서 금서 취급을 받았고, 금서에서 풀려난 것은 1988년 서울올림픽 때이다.

1948년 한국의 시인 윤동주의 『하늘과 바람과 별과 시』가 사후에 출판되었을 때 정지용은 이 시집의 서문을 썼다. 윤동주가 민족 시인으로 간주되는 한편 그의 스승격인 정지용의 저작은 금서로 취급되는 모순이 1988년까지 계속되었던 것이다.

정지용의 「압천(鴨川)」을 소개하기로 한다.

鴨川 十里ㅅ벌에
해는 저물어…… 저물어……

날이 날마다 님 보내기
목이 자졌다…… 여울 물소리……

찬 모래알 쥐여 짜는 찬 사람의 마음.
쥐여 짜라. 바시어라. 시언치도 않어라.
(…중략…)
제비 한쌍 떠ㅅ다,
비마지 춤을 추어.

수박 냄새 품어오는 저녁 물바람.

도시샤의 교정에 정지용과 윤동주의 시비가 나란히 서는 것은 일본과 한국간의 문화 유대가 깊다는 것을 말해 주는 것이라 할 수 있다.

『北海道新聞』, 2005.10.18.

# 28 '분단시대', 남북 공동의 민족문학 모색

한국의 문예잡지 『실천문학』, 2005년 봄호는 '다가오는 통일시대의 북한문학'이라는 특집을 마련했다.

2000년 6월 15일, 남북분단 후 대통령으로서는 처음으로 김대중 씨가 평양을 방문하여 김정일 국방위원장과 공동선언을 발표한 이래, 문학 방면에서 우여곡절 끝에 2005년 7월 남북작가대회가 어렵사리 실현되었다.

북한 고려항공의 전세기가 남한의 인천공항으로 날아와 남의 대표를 태우고 불과 50분 만에 평양에 도착했다고 하니, 60년간의 분단을 생각하면 감개가 무량하다.

이번 남북작가대회는, 한국과 북한 각 100명씩의 작가가 같은 테이블에 앉아 남북 공동의 '민족문학'을 모색했다는 점이 최대의 성과일 것이다.

물론 이번에 남쪽에서 참가한 사람들은 개인당 5박 6일에

300만원, 일본 돈으로 30만 엔이나 되는 고비용을 부담해야 했을 뿐만 아니라, 참관 장소 역시도 정해져 있어서 두 번째나 세 번째 방문자에게는 신선미가 떨어졌으며, 남북 작가가 이름과 자신의 작품명을 말한 후에는 화제가 떨어지는 등 이러저런 불만도 있었던 듯하지만, 그러나 자신들이 위치한 현대를 '분단시대'라 규정하고 '통일문학'을 지향한다는 점에 대해서는 의견을 함께하고 있다. 우리는 이 움직임에 주목하고자 한다.

근년 북한을 방문한 한국인의 수는 관광객을 포함하여 백만 명을 넘었다고 한다. 이 숫자는 한국의 북한 인식에 영향을 미칠 것이다.

그런데 2004년도의 만해문학상은 북의 작가 홍석중이 수상했다. 한국에서 북한 작가가 상을 받은 것은 이것이 처음이다. 이것도 남북문학 교류의 일단을 보여준다. 수상작인 장편소설 『황진이』는 대담하게 성을 묘사한 부분도 있어서 화제를 불러일으켰다. 한국에서 잘 팔렸지만 "본인의 허락 없이 무단으로 출판되었다"는 이유로 2005년 12월 홍석중이 서울지방법원에 1억 5천만원의 손해배상소송을 제기했다고 하는데, 복잡한 사정들이 여러 가지 있었던 듯하다. 이렇게 되면 남의 작가 황석영과 북의 작가 홍석중이 공동으로 창작한다는 이야기도 실현가능성이 불투명해진다.

『北海道新聞』, 2006.1.10.

# 自畵像

산모퉁이를 돌아 논가 외딴 우물을
홀로 찾아가선
가만히 들여다 봅니다.

우물속에는 달이 밝고 구름이 흐르고
하늘이 펼치고 파아란 바람이 불고
가을이 있읍니다.

그리고 한 사나이가 있읍니다.
어쩐지 그 사나이가 미워져 돌아갑니다.

돌아가다 생각하니 그 사나이가
가엾어집니다.
도로 가 들여다 보니 사나이는
그대로 있읍니다.

다시 그 사나이가 미워져 돌아갑니다.
돌아가다 생각하니 그 사나이가
그리워집니다.

우물속에는 달이 밝고 구름이 흐르고
하늘이 펼치고 파아란 바람이 불고
가을이 있고 추억처럼 사나이가 있읍니다.

남북화해의 선편, 주명구의 인생

 남북화해의 선편, 주명구의 인생

한국의 텔레비전 드라마 〈올인〉의 무대가 된 제주도는 피
투성이의 역사도 함께 지닌 섬이다. 제주도에 살고 있는 작가
오성찬(吳成贊) 씨가 작년 『한라구절초(漢拏九節草)』라는 책을
펴냈다. 책의 제목은 제주도 한라산에 피는 국화의 일종에서
취한 것이다. 올해(2006년) 66세가 되는 오성찬 씨의, 4·3사건
을 다룬 소설집이다.

4·3사건이란 1948년 한국과 북한이 건국되기 직전, 남한
만의 단독선거를 거부하고 남북통일 선거를 희구한 제주도
민중을 정부군과 미군이 반공이라는 이름 아래 학살한 사건
이다. 1946년 4월 3일부터 약 2년 간, 정부군 및 미군과 한라
산에서 농성하고 있던 민중 사이에 전투가 계속되었고, 섬 인
구의 5분의 1에 해당하는 3만 명 이상이 희생되었으며 마을
들이 모조리 불에 타버렸다.

한국 정부는 2003년 10월 31일 공식 사과했지만, 희생자는 오랜 기간 '빨갱이'라는 누명을 뒤집어썼고 유해의 매장조차 뜻대로 이루어지지 않았다.

『한라구절초』의 권두에 수록된 「어느 공산주의자에 관한 보고서」는 실존했던 조몽구(趙夢九)가 모델인데 소설에서는 주명구(朱明九)라는 이름으로 등장한다. 그는 산에서 농성을 벌였던 민중 중에서 무력투쟁으로는 승산이 없다고 보고 무모한 봉기에 반대한 비둘기파의 지도자였다.

그 때문에 조직으로부터 제명되고, 은신 중 체포되어 형무소에서 7년의 세월을 보낸다. 출소 후에는 고향 마을로 돌아오지만, 이 마을만 해도 40명의 희생자를 낸 곳이어서 평온한 생활은 기대할 수도 없다.

젊은 시절에 사회주의에 공명하면서도 과격한 반정부투쟁에는 반대한 그. 공산주의자임을 자인하면서도 현실의 북한 사회에는 환멸을 느끼는 주명구는 마을 사람들로부터 온당치 못한 대접을 받았으나, 어디를 가도 자신을 환영해 줄 곳은 없다고 하며 고향을 떠나지 않았다. 결국 67세를 일기로 고향에서 병사, 공동묘지에 묻혔다.

근년 한국은 남북 간의 화해를 모색하고 있는 것처럼 보인다. 이를 위해서는 국내의 융화가 요구된다. 오성찬 씨가 그린 주명구의 인생은 그 선편(先鞭)을 쥔 것으로 볼 수 있을 듯하다.

덧붙이자면 4·3사건을 소설화한 작품 중 일본에 소개된 것으로는 『순이삼춘』(현기영, 김석범 역, 新幹社, 2001)이 있다.

『北海道新聞』, 2006.4.4.

평양의 문학예술출판사에서 간행한 잡지 『조선문학』 표지
에는 '주체 95(2006)'처럼 연호가 기재되어 있다. 이것은 김일
성이 태어난 해를 주체 원년으로 삼고 있다. 『조선문학』지에
서는 1997년 10월호부터 주체 기원(紀元)을 사용하고 있다. 일
본에서도 쇼와(昭和)니, 헤이세이(平成)니 하고 쓰고 있으니 이
것이 남의 일이라고만 할 수는 없겠지만…….

1947년 9월에 창간된 『조선문학』은 조선작가동맹중앙위원
회의 기관지이다. 그 외에 『청년문학』·『아동문학』도 있지만,
『조선문학』이 조선민주주의인민공화국의 유일한 일반 문예
지이다.

『조선문학』 올해 4월호, 통권 702호는 '태양절에 바치는 만
민의 축하' 특집인데, 전체가 거의 이 특집으로 채워져 있다.
김일성 탄생일을 태양절이라 하여 국민적 축일로 삼고 있는

것이다.

그런 딱딱한 축하 분위기 속에서 「꽃과 뿌리」와 같은 서정
시를 만나면 마음이 놓인다.

숲속에 핀 백도라지꽃 같아서……
— 한기운, 「내 사랑은 푸른 숲이여」 중 「꽃과 뿌리」 전문

아주 빼어난 수준의 작품이라고는 할 수는 없지만, 전편이
거의 김일성·김정일에 대한 찬가로 채워져 있는 이 잡지의
특집호 안에서 이러한 시를 만나면 마음이 씻기는 듯한 느낌
이다.

『北海道新聞』, 2006.6.20.

# 31 한 작품에 텍스트 13종

　'제1회 중국조선민족문학국제학술회의'가 중국 길림성 연변 조선족 자치주의 주도(州都) 연길시에 있는 연변대학에서 올해(2006년) 8월에 열렸다.

　중국 조선민족문학이란, 일찍이 중국(주로 동북지구)에 살았던(해방 후 대다수는 한국과 북한으로 귀국), 또는 현재 중국에 살고 있는 조선민족이 조선어로 쓴 문학을 가리킨다. 회의에는 한국·중국을 비롯하여 일본·미국의 연구자가 참가했다. 나는 「강경애『인간문제』판본 비교 연구」라는 제목의 보고를 했다. 강경애의 장편소설『인간문제』는 1934년 그녀가 스물여덟 살 때 쓴 작품으로, 작품 집필 당시 길림성 용정에 거처를 마련하고 살면서 조선 본토의『동아일보』에 연재했다. 이 소설의 전반부에서는 농촌을 배경으로 농민들의 비참한 생활을 묘사하고, 후반부에서는 도시를 배경으로 노동자의 각성과 성

장을 그리고 있다. 실제로 가난한 농민생활이나 방적공장의 여공 경험이 있는 만큼 일하는 자들의 군상을 훌륭하게 그려내고 있어 1930년대 리얼리즘 문학의 걸작이라 할 수 있다.

실은 이 보고는 『조선근대문학선집』 전 16권 중 제2권으로 헤이본사(平凡社)에서 올해 5월에 출판한, 일본 최초의 번역 『인간문제』의 부산물이다. 번역에 임할 때에는 우선 텍스트를 결정하지 않으면 안 된다. 텍스트는 한국에 9종, 북한에 4종이 있다. 각각 차이는 있지만 크게 나누면 두 가지 계통이 있다. 하나는 신문연재를 바탕으로 한 한국의 것과 또 하나는 강경애 사후 남편인 장하일(張河一, 노동신문 부주석)이 정리하여 평양의 노동신문사에서 내놓은 것이다. 이 둘을 비교하면 상당한 차이가 있다. 예를 들면 『동아일보』 연재에는 빈농인 첫째와 그의 어머니가 함께 굶주리다가 음식물을 둘러싸고 첫째가 어머니를 발길질하는 장면이 나오지만, 노동신문사 본에는 두 사람이 서로 양보하는 형식으로 되어 있다. 그 후 평양에서는 판(版)을 바꾸면 바꿀수록 '혁명적'·'전투적'으로 되어간다. 북한에서 문학 작품이 교과서 역할을 하고 있다는 것을 생각하면 그것은 어쩔 수 없는 일일지도 모르지만, 문학 사료(史料)를 다루는 관점에서 보자면 고개를 갸웃거리지 않을 수 없다.

『北海道新聞』, 2006.9.6.

 찾는 사람 드문 포로수용소의 자취

한국의 남단에 위치한 거제도는 제주도에 이어 한국에서 두 번째로 큰 섬이다. 섬이라 해도 지금은 본토와 다리로 연결되어 있어서 차로 자유롭게 오갈 수 있다. 섬에는 많은 해수욕장이 있고 어패류를 먹을 수 있는 가게가 늘어서 있으며, 토요일과 일요일에는 많은 관광객이 이곳을 찾는다.

나도 올해 처음으로 거제도를 여행했다. 거제도에서 배를 타고 20분쯤 걸리는 곳에 외도(外島)가 있다. 외도는 섬 전체가 형형색색의 꽃으로 뒤덮여 있고, 꽃을 따라 나비가 춤추며, 마치 별천지와 같은 느낌을 주는 곳이다. 산정의 저택은 〈겨울연가〉의 마지막 장면에 사용된 곳이라 하여 사람들이 잇달아 기념촬영을 하고 있었다.

그런데 같은 거제도의 시청사(市廳舍)에서 그렇게 멀리 떨어져 있지 않은 곳에 거제도포로수용소 터가 있다. 한국전쟁

당시 수용소로서는 최대 규모로 3백6십만 평에 이르며, 전시장에는 포로생활을 재현한 실물 크기의 인형이 있어서 박력이 있었다. 당시 섬 주민 10만 명, 전화(戰火)를 피해 온 피난민 15만 명에 대해, 북의 조선인민군 15만 명과 중국의용군 2만 명, 모두 17만 명이 수용되어 있었다.

포로의 취급에 관해서는 제네바협정이 있었지만 미군은 그것을 위반하고 협박과 고문으로 본국송환을 포기하도록 했다. 이 때문에 포로에 의한 폭동이 일어나 수용소장 닷지 준장이 감금되는 사태가 발생했다. 결국 잔학행위를 인정하고 그는 석방되었지만, 반공으로 돌아선 포로와 공산포로의 충돌은 몇 차례나 되풀이되었다. 이로 인해 반공포로 사망자는 2천 명에 이르렀다고 한다. 수용소 유적지 한쪽 구석에는 그들을 위한 위령탑이 세워져 있었지만, 더 많은 희생자를 낳았을 공산포로의 위령탑은 없었다.

결국 본인의 의사를 확인하고 2만7천여 명의 반공포로는 석방되었고, 나머지 대부분은 본국으로 송환되었다. 단, 76명은 조국을 버리고, 중립국 인도의 관리 하에 제3국으로 향했다. 덧붙여 말하자면 국제연합군 포로로 본국 송환을 희망하지 않은 '친공포로'는 338명이었다.

수용소의 일부가 지금은 공원으로 조성되어 있지만 찾는 사람은 많지 않다. 한국인에게 한국전쟁이 풍화(風化)했기 때문인가, 또는 그렇게 처참한 기억을 되살리고 싶지 않아서

인가.

『北海道新聞』, 2006.11.21.

# 33 소안도의 '항일운동기념탑'

수년 전 한국의 남단 제주도에서 한반도의 남단 완도로 가는 배에 탔던 적이 있다. 일본인 승객이 드문 탓인지 선장이 말을 걸어 왔다. 조타실도 구경시켜 주었다. 세상 돌아가는 이야기로 화제가 번지기도 했다. 선장의 추천으로, 대흥사에서 목포로 가기로 한 일정을 바꿔, 완도에서 소형선박으로 바꿔 타고 다도해 해상국립공원에 있는 소안도(所安島)로 향했다. 소안도는 호텔도 민박도 없는 곳이었으나, 선장의 소개로 민가에 들어 호강을 누렸다.

이 섬 가운데로 높이 솟은 '소안 항일운동기념탑'이 보였다. 1990년에 세워진 것이었다. 뒷면의 비문에는 소안도의 역사가 간략하게 기록되어 있었다.

그저 풍광명미(風光明媚)한 관광지라고만 생각했던 나는, "아니, 이렇게 작은 섬에" 하고 쇼크를 받았다. 비문에 의하면, 1922년 일반인의 기부금으로 세워진 사립소안학교는 조선총독부로부터 항일투쟁의 총본산으로 지목되어, 1927년 강제 폐쇄되었다 한다. 당시 상황을 섬 주민들은 "섬 이름은 소안인데 백성은 불안, 가학산(駕鶴山)은 있는데 학은 안 오네"라 노래했다. 가학산(학이 깃드는 산)은 소안도에서 가장 높으며 그 모습 또한 수려하다.

비문 속에는 일본에 건너가 재일조선노동총동맹 집행위원장이 된 정남국(鄭南局, 1897~1955)과 현재 중국연변조선족 자치주에 있는 대성(大成)중학(현재의 용정龍井중학의 전신 중의 하나)을 마치고, 그곳에서 독립운동을 하던 중 병을 얻어 귀향, 28세로 사망한 박화국(朴化局)의 이름도 있었다. 이렇게 보니, 한반도와 중국·일본 3국의 근대사가 밀접한 관계를 갖고 있음이 새삼스럽게 느껴진다.

1987년 민주화와 국제화의 물결에 밀려, 한국 대통령 전두환(1981~1988 재직)은 민주화 선언을 받아들이지 않을 수 없게 된다. 이 비가 세워진 것이 1990년, 한국의 역사문제연구소가 3,500면이 넘는 대저 『일제하 사회운동 인명색인집』을 출판한 것이 1992년이다. 한국은 건국 이래, 민족주의를 표방했던 독립운동·항일운동 지도자들에게는, 그 뜻을 기려 자제들에게 약간의 장학금 혜택을 주었지만, 사회주의 노선의 독립운동을 한 이들의 자손은, 그때까지도 침묵을 지킬 수밖에 없었다. 소안도에 의해 그 터부가 허물어진 것이다. 나는 탑을 우

러러보며 역사의 변천을 생각함과 더불어, 소안도행을 추천
해 준 선장의 얼굴을 떠올렸다.

『北海道新聞』, 2007.2.13.

# 34 시혼(詩魂)의 원형을 찾아서

윤동주 연구 (상)

　윤동주라는 조선(한국·북한)의 시인이 있다. 교토의 도시샤 대학 재학 중 치안유지법 위반 혐의로 징역 2년을 선고받고 1945년 2월 후쿠오카 형무소에서 옥사한 이 시인은, 한국에서 민족 시인으로서 많은 사람들로부터 존경과 사랑을 받고 있으며, 북한 그리고 중국 조선족 사이에서도 대단히 높이 평가되고 있다. 나라와 이데올로기가 다른 이 사람들 사이에서 윤동주가 왜 이렇게까지 사랑을 받고 있는 것일까. 그 이유를 내 나름대로 한 마디로 말한다면, 그의 시의 청렬(淸冽)한 서정성과 그의 생활방식의 처절함에 있다고 할 수 있을 듯하다.

　윤동주는 1930년대 중반부터 1940년대 전반 조선이 극심한 어려움을 겪고 있던 시기에, 마음속에 간직한 격렬한 민족적 저항정신과 기독교적 인간애로 넘치는 서정시 127편(산문 4편 함)을 남겼고, 생전에 한 권의 시집도 내지 못하고 겨우 스물

일곱의 나이로 삶을 마감했다.

'한일병합'으로 나라를 빼앗기고, 국어로서 일본어가 강요
되었으며, 개인의 이름도 일본식으로 바꾸어야 하는 상황 속
에서 윤동주는 그의 「서시」에 있는 대로, "하늘을 우러러 한
점 부끄럼이 없기를" 바라고, "모든 죽어가는 것을 사랑"하며
"나에게 주어진 길을 걸어가야"겠다는 소명감 아래, 민족의
나아갈 길과 자신이 살아갈 길을 서로 겹쳐놓았던 것이다. 여
기에서 말하는 "모든 죽어가는 것"이란 개개인의 생명체뿐만
아니라 민족의 문화와 생활습관도 함께 포함하고 있다고 해
석할 수 있다. 그리고 또 "주어진 길"이란 타자로부터 강제된
것이 아니라, 시인 스스로의 인간으로서의 양심과 자기의 신
념에 의한 내면으로부터의 외침이었다.

윤동주는 필명을 윤동주(尹童舟)라 했으며 동요 시인으로
출발했다. 1938년 5월에 쓴, 비교적 초기 작품에 속하는 작품
「산울림」의 전문을 인용해 본다.

까치가 울어서
산울림,
아모도 못들은
산울림,

까치가 들엇다

산 속에서 우는 까치 소리의 메아리를 노래하고 있는데, 고독감이 배어 나오는 작품이라 할 수 있을 듯하다.

이후의 윤동주는 사회의 다양한 모순과 부딪히면서 몇 번의 좌절을 경험한다. 조선 안에서 진학할 길이 없어 일본에 유학하게 되는데, 유학을 위해 '히라누마 도오쥬(平沼東柱)'로 창씨개명을 해야만 했던 것도 하나의 좌절이었다. 좌절을 경험할 때마다 그의 시는 깊이를 더해 갔고, 그와 함께 동요·동시의 세계로부터 한 걸음씩 걸어 나오지 않을 수 없었다. 그가 1941년 11월 원고용지를 묶어 19편의 『자필 자선 시집(自筆自選詩集)』 3부를 만들었을 때 1938년 이전의 시는 두 편밖에 들어가지 않았다.

내가 본격적으로 윤동주와 관계를 맺은 것은 1985년 이후이다. 진작부터 그가 태어나 자란 중국 길림성 용정시(당시는 정촌) 일대에 가 자료를 수집할 생각이었는데 그 해 간신히 기회를 얻었다. 문자자료(文字資料)는 하나도 구할 수 없었지만 연변대학과 용정중학에 계신 여러분의 도움을 얻어 다행스럽게도 윤동주의 묘를 찾아낼 수 있었다.

가까운 친척은 한국으로 가고 40년간 방치되어 있던 윤동주의 묘는 고국 한반도를 향하여 산의 정상 가까운 곳의 경사지에 자리하고 있었다. 오촌과 칠촌들은 가까운 곳에 살고 있었지만, 한국으로 간 기독교 신자인 윤씨 집안의 사람들과 관계를 가지면 사회적 규탄을 받을지도 몰랐기 때문에 방치되어 있었던 것이다. 중국과 한국은 당시 국교가 없어서 중국에 있는 사람들은 윤동주가 한국에서 민족 시인으로 존경과 사랑을 받고 있다는 것을 몰랐고, 친척들도 동주가 시를 썼다는 것을 알지 못했다.

우리는 조선의 전통 형식에 따라 윤동주의 제사를 지냈다. 연변민속박물관의 유기(鍮器) 제기를 빌려서 제물을 진설하고, 중국과 조선의 국경을 흐르는 두만강의 물고기를 묘 앞에 올렸다.

『西日本新聞』, 2004.2.11.

# 35 시혼(詩魂)의 원형을 찾아서

윤동주 연구 (하)

윤동주의 묘 앞에서 제사를 지낸 이후 나는 주로 윤동주에 관한 실증적인 연구에 힘을 쏟아왔다. 그가 다닌 소학교·중학교·교회의 자취, 그가 살았던 집터 등 당시의 정신적 풍토를 재현하는 데에도 힘을 기울였다. 서울시대와 일본유학시대에 어떤 책을 읽었는지, 장서가 남아 있는 경우 어떤 글자를 써넣었는지, 전체적으로 당시 일본의 문학 조류나 일본에 소개된 유럽문학의 어떤 측면을 어떻게 흡수 또는 거부했는지, 그가 남긴 네 권의 스크랩장을 채우고 있는 기사의 출처는 무슨 신문의 몇 년 몇 월 며칠의 것인지 등도 조사했다. 그리고 사후에 나온 각종 윤동주 시집의 판본 비교 연구—이들을 어느 정도 명확하게 할 수 있었다.

그런데 이러한 이른바 고증에 속하는 작업은 이론을 중시하는 한국에서는 평가가 그다지 좋은 편이 아니다. 10년쯤

전, 나는 한국의 어느 심포지엄에서 윤동주의 독서이력에 관하여 발표한 적이 있는데, 한국의 젊은 연구자들로부터 그런 식의 고증이 무슨 의미가 있느냐(민족시인 윤동주가 일본에서 배웠다는 것을 왜 강조하냐), 그보다 당신이 그런 사실들을 알기 전과 후 윤동주에 대한 인식이 어떻게 달라졌는가를 논하라는 비판을 받았다. 그렇지만 나는 이러한 조사나 기초연구가 윤동주의 이해에 필요불가결하다고 믿고 작업을 계속해 왔다. 그 연장선상에 『사진판 윤동주자필시고전집』(민음사, 1999)의 출판이 있다. 이 책은 현존하는 윤동주의 모든 필적(筆跡)을 컬러 사진으로 담고, 시고(詩稿)의 최종 형태뿐만 아니라 모든 퇴고 과정을 밝히기 위해 주를 덧붙인 것이다. 이 작업에는 윤동주 유가족 대표로 원고 보관자인 윤인석(尹仁石) 씨와 한국의 중견 연구자 심원섭·왕신영 그리고 나, 모두 네 사람이 참여했다. 필자의 1년 2개월에 걸친 한국 체재 기간을 포함한 2년 1개월의 시간을 들인 끝에 우리는 간신히 작업을 마칠 수 있었다.

윤동주의 창작노트와 육필원고를 직접 접하는 감격에 떨면서 시인의 퇴고 자취를 더듬어가던 동안 우리는 많은 것을 배울 수 있었다. 그중에서 하나의 예를 들어보기로 하자. 「곡간(谷間)」이라는 시가 있다. 골짜기에 있는 촌락의 풍경을 노래한 4연으로 이루어진 시이다.

산들이 두 줄로 줄다름질치고,
여울이 소리처 목이 자젓다.
한여름의 햇님이 구름을 타고,
이골작이를 빠르게도 건너런다.

山등아리에 송아지뿔 처럼
울뚝불뚝히 어린바위가 숫구,
얼룩소의 보드러운 털이
山등서리에 퍼―렇게 자랏다.

三年만에 故鄕 찾어드는,
산골 나그네의 발거름이
타박타박 땅을 고눈다.
벌거숭이 두루미 다리같이 ……

헌 신짝이 집행이 끝에
목아지를 매달아 늘어지고,
까치가 색기의 날발을 태우려 날뿐,
골작은 나그내의 마음처럼 고요하다.

―『사진판윤동주 자필시고전집』, 민음사, 1999, 260면.

현재의 윤동주 시집의 「곡간」은 이상의 4연으로 이루어져 있다. 그런데 이 시는 원래 6연으로 되어 있었다. 그것은 원고를 봄으로써 확인할 수 있다.

**5연**
버리지들이 연달아 노래하고,
저기, 집이있으니 사랑도있을것이다.
가담가담 논둑도있어
늙은이와 아희의 물싸홈을보다.

**6연**
갓쓴양반 당나구타고, 모른척지나고,
이땅에 두물든,
말탄섬나라 사람이,
길을뭇고 지남이 異常한일이다.
다시, 곬작은 고요하다 나그내의마음보다.

윤동주는 먼저 5연을 삭제하고 다음 단계에서 6연도 삭제했다. 현재의 시집에 있는 4연까지를 보면 이 시는 골짜기의 조용한 산촌 풍경을 노래한 서경시(敍景詩)로 파악되지만, 원형을 보면 그 시에는 물싸움을 벌이는 노인과 젊은이, 당나귀를 탄 양반과 말을 탄 일본인이 등장한다. 3년 만에 돌아온

고향에서 이전에는 볼 수 없었던 일본인을 보게 되고, 그 일본인이 지나가자 또 다시 산촌에 정적이 찾아왔다고 노래하고 있다.

윤동주는 왜 전통적인 양반과 이 땅에서 접하기 힘든 일본인을 등장시킨 것일까. 또 왜 나중에 그 부분을 삭제했던 것일까. 이러한 의문은 원래의 원고를 보지 않는 한 생겨나지 않는다.

퇴고 과정을 착실하게 검토해 가는 것은 윤동주의 사고와 발상을 아는 데 필요한 유력한 방법의 하나라고 할 수 있다고 생각한다. 『사진판 윤동주자필시고전집』이 공개됨으로써 윤동주의 원형을 남김없이 직접 볼 수 있게 되었다. 윤동주 연구는 이제 새로운 단계에 들어섰다고 말할 수 있을 것이다.

『西日本新聞』, 2004.2.13.

 임종국 선생님을 그리며

임종국 선생과 언제부터 서신 왕래가 시작되었는지 확실한 기억은 없다. 임종국 선생에게서 온 편지 23통이 현재 내 수중에 있는데, 초기 것은 몇 편 빠진 듯하다.

고려서림(高麗書林) 판 『친일문학론』이 번역되어 나온 것이 1976년 12월 10일이니, 번역 도중 편지로 이런저런 이야기를 나눴을 터인데, 76년 이전 것은 한 통도 남아 있지 않다.*

새해 복 많이 받으십시오 올해 선생님과 선생님의 댁내에 건강과 행복이 깃드시기를 빕니다. 여기서는 선생님의 엽서를 어제 감사하게 받았습니다. 제 쪽에서 늦어져서 죄송하기 이를 데 없습니다.

---

* 후에 30여 통의 편지를 찾아내서, 유가족에게 복사하여 드렸다.

그런데, 엽서 문면으로 봐서는, 고려(高麗)의 박광수 사장님과 아직 연락이 닿지 않은 상태인 것으로 생각됩니다만, 지난 12월 10일 선생님의 편지와 송금 및 책을 잘 받았습니다. 박사장님은 12월 14일에 귀국하셨습니다만, 그 후 박사장님께 선생님께 드리는 편지와 초라한 선물 그리고 책 6권을 부탁드리는 폐를 끼쳤습니다. 품목은 다음과 같습니다.

『동양지광(東洋之光)』, 『국민문학(國民文學)』 계 6책
소병풍 1개
인삼 및 인삼차 각 1상자
연(煙)수정 목걸이 각 1상자
편지 1통
(…중략…)

그리고, 나온 김에 말씀드립니다만, 금년쯤 내한하실 기회는 없으시겠습니까. 와이프하고도 이야기를 하고 있었습니다만, 번잡한 호텔보다는 제 집에 민박 식으로 한번 모실 기회를 얻고 싶다고 와이프도 그랬습니다. 사모님과 같이 오시면 너무 좋겠다고 저희 부부도 이야기를 나누고 있는 참입니다. 제 아내도 이번 선생님의 노고와 호의를 사무치게 감사하게 생각하고 있는 모양입니다.

—1977년 1월 6일

인세라고 해야 겨우 1,000부, 그것도 원저자 50%, 역자 50%의 비율로 나눈 것이니, 대수롭지 않은 금액이었는데도, 그토록 감격하시고 한국 풍속을 자수해 넣은 소병풍과 아내를 위한 흑수정 목걸이까지 보내주신 것이었다.

두 번째 편지는 『친일문학론』 번역이 나온 뒤 한 달 정도 지난 뒤의 것이다.



지금 생각하면 우송하면 될 것을, 고려서림의 박광수 사장은 인편으로 싫은 표정 한 번 없이 저자와 역자 사이를 왕복해 주었다.

오래간만입니다. 혹서(酷暑) 중일 터입니다만, 별고 없으십니까. 여기는 연일 30도~33도의 혹서로 온통 비명입니다. 바다가 가까우시니 선생님 댁은 청풍자래(淸風自來) 경(境)이시겠지요.

이번 『대화』지에 제 원고가 실렸습니다. 보잘것없습니다만, 선생님께 일독을 부탁드리고 싶어서 잡지 1권을 별송합니다. 틈나실 때 일독하시고 아무 때건 혹독한 편달 부탁드립니다.

그리고, 이런 원고나 써대고 이놈은 반일가로구나, 하고 선생님께 미움을 받을지도 모르겠습니다. 변명은 아닙니다만, 제가 반감을 갖고 있다고 한다면, 그건 식민지 시대지, 일본 자체는 절대로 아닙니다. 전후의 눈부신 발전상이든가, 그것을 이룩한 일본인의 저력 등에 대해서는 저 나름대로 경의를 품고 있습니다. 또 식민지 시대라 해도, 결국은 자업자득이니, 일본만 미워할 수도 없는 일이겠지요.

—1977년 8월 23일

임종국 선생의 일생은 식민지시대 일본과 그것을 야기한 친일 인사에 대한 규탄의 생애였다.

내가 처음 임종국 선생 댁을 방문한 것은, 1981년 3월 1일이다. 천안역에서 버스를 타고 가다가, 내려서 30분 정도 산을 넘어서 가는 곳으로, 차도 다니지 않는 곳이었다. 경운기로 집을 세울 재료를 날랐다고 한다. 하늘색 슬레이트 지붕에 장작을 지피는 온돌집이었다. 전기도 들어오지 않는 자가발전식이었다. 산 밑까지 전기가 들어오지 않았으며, 우편배달도 되지 않았다. 산 아래쪽 가게에 우편물과 신문을 맡아달라고 부탁해 놓았다가 하루 한 번씩 가지러 가는 생활을 하고 있었다. 책상도 없어 사과상자를 엎어놓고 쓰고 있었다. 이거야말로 멋지다. 대장부답다. 무서운 신념을 지닌 이가 여기 있구나, 생각했다.

『친일문학론』은 춘추필법으로 쓰인 것이다. 주관적인 비난, 중상의 언어는 한 군데도 없으며, 오로지 사실만을 축적해감으로써, 해방 전의 문화 상황과 문인들의 발언을 재현해냈다. 저명인이건, 권력자이건, 대학의 은사이건, 그리고 자신의 부친이건 간에 집필에 임할 때는 붓을 굽히는 적이 없었다. 임선생은 당연히 한국 사회로부터 외면을 당했으며, 심한 경우에는 협박을 받았다. 무직(無職)생활을 강요당했음은 물론이다.

허나 생계야 이어야 하는 법. 천안 교외에 있는 값싼 땅을 구입하여 과수원을 시작한 것이었다. 연구자와 과수원 경영자, 이 두 가지 '직업'을 갖고 있었기 때문에, 품이 많이 드는 복숭아나 배는 그만두고, 밤만 주 수입원으로 삼고 있었다. 그 즈음 임선생 댁을 방문한 것이었다. 장작 온돌은 기분이 좋았다. 부드러운 온기와 낙엽 타는 냄새 속에서 하루 저녁을 선생 댁에 묵었다.

그때 나는 중학교 1학년이 된 딸을 데리고 갔었다. 국민학교 2~3학년 무렵이었던 임선생의 딸이, 우리 딸이 긴 빨간 장갑을 유심히 보고 있었다. 딸은, 갖고 싶은가보다 하고 장갑을 벗어준 셈으로 있었다. 그런데 다음날 그것이 세탁되어 되돌아 온 것이었다. 아아, 때가 묻었으니까 빨아 드린다는 의미였구나, 하고 딸은 감격해 했다. 말은 안 통하나, 딸들끼리 마음이 통하고 있었다.

근대 한일관계를 조사하고 있으면, 대동아공영권이란 것은, 이상 그 자체는 옳았던 것이 아닌가 하는 생각이 가끔씩 듭니다. 동아 각국의 정황이든 일본의 군부 파시즘이든 그런 이상이 상당 부분 굴절되어 버린 감이 없지는 않습니다만……. 동아를 위한 동아라는 국민적 이상, 국민적 정열을 지니고 있었다는 것만으로도 그 시대 사람들은 행복했겠다 하는 생각이 들 때도 있습니다. 이 시대 사람들은 한국인도 또 일본 분들도 별로 이렇다 할 만한 국민적 이상이나 정열을 갖고 있지 않은 듯합니다만……. 인간이란 결국은 신념 ─비록 그릇된 신념이라 하더라도? ─으로 불타오를 수 있을 때가 가장 행복한 것이 아닌가 생각됩니다만……. 외부의 영향을 극복할 만한 신념과 정열 없이 그저 짓눌려만 있는 상황이 제일 불행한 일이

아니겠습니까. 이런 걸 생각하고 있으면 머리가 복잡해집
니다만…….

—1984년 6월 25일

임종국 선생은 바로 신념의 인간이었다.

　오오무라 선생님

　오래간만입니다만, 변함없이 건승하시리라고 생각합니
다. 저도 덕택에 건강하게 지내고 있습니다.

　보고가 늦었습니다만, 저는 지난 10월 말쯤에 서울로 올
라왔습니다. 자료 조사 때문입니다만, 주머니 사정으로 미
뤄온 계획이 어떻게 실현을 보게 되었습니다. 하지만 휴
학 중인 아들—중학교 1학년생?—과 둘이서 하숙을 합
니다만, 점심 제공 없는 하숙비만 해도 월 25만원이어서,
교통비와 점심값 따위로 월 40~50만원 지출이 되어 버립
니다. 어쩔 수 없이 나이 50줄에 들어선 지 오래인 제가
방을 세내서 자취를 하는 꼴이 되어버렸습니다.

　그런데, 요즘 두 달 정도 걸려서 "총독부 관보" 조사를
완전히 끝냈습니다만, 1년에 평균 600~700매 복사를 했
으니까, 35년분 총계 2만 매 이상이나 되는 굉장한 작업
이었습니다. 이것은 어떻든 완료 단계입니다만, 그 다음이
『매일신보』로 종전(終戰) 전(前) 약 10년분에 대한 조사입

니다. 이놈은 복사도 할 수 없으니 할 수 없이 필사를 할 예정입니다. 아들을 조수로 삼고 2개월 정도 시간을 들이면 어떻게든 완성될 것으로 예정하고 있습니다만, 오오무라 선생님께서 필요하신 부분도 그 때 함께 작업할 심산으로 있습니다. 물론, 문학관계 필사만이라면 2개월이나 걸릴 이유는 없습니다만, 제가 필요한 분야도 포함되어 있으니 열심히 해도 2~3개월은 걸리겠지요. 필사 1장이 완성되면 그걸 복사하면 되니까, 제 필요분 조사에 이어 오오무라 선생님의 필요분도 완성되겠지요. 이 작업은 "관보"가 끝나자마자 1월 10일 경부터 들러붙게 될 겁니다. 여러 가지 급한 일이시라고는 생각합니다만, 좀 더 기다리시면 쓰실 수 있게 될 것으로 생각합니다.

저는 현재의 작업을 먼저 완료하기 위해서 내년 4월까지 서울에 체재하게 될 겁니다. 전후 6개월이나 집을 비웠으니, 그 사이에 와이프가 도망이라도 가면 참 큰일입니다만……. 하지만, 머리칼이 반백이 된 인간이 쌀을 일구는 것도 그렇게 나쁘지만은 않은 생활입니다. 가족을 부양하느라 여기저기 신경을 써온 생활에 비해, 지금은 밖의 일 걱정 없이 자료조사에만 몰두할 수 있으니 마음이 자유롭고 넓어지는 참입니다.

한일 관계가 최근 점점 농밀해지는 것 같지요? 일전 현해탄에서 개최되었던 '바보 회담', 그거 별로 안 좋았던 것 같습니다. 이쪽 출석자가 사과하라고 요구했다는데, 침략한 쪽도 나쁘지만, 침략당한 쪽도 나쁘겠지요 새삼스럽게 사과한다고 해서 뭔 일이 이뤄질 리도 만무하구요 그런 것보다도 해방 전 일들의 뒷처리? 예를 들면 사할린 징용노무자의 귀국문제 해결 같은 게 더 긴요한 대목이겠지요 양국의 지성인들이 좀 더 이성적으로 되었으면 하는 기분이었습니다.

그럼 이쯤에서 실례하겠습니다. 이 편지는 연하장 대신 드리는 참이니, 연하장은 생략하겠습니다. 저는 4월까지는 여기 머물 예정이오니 용건은 봉투의 주소로 보내주시면 감사하겠습니다. 건승을 빕니다. 그럼 안녕히 계십시오…….

— 1984년 12월 17일


임종국 선생의 작업은 폭이 넓고 깊다. 도저히 개인의 힘으로 될 수 있는 일이 아니다. 임선생도 그걸 알고 있었다.


변함없이 건승하시리라 믿습니다.
저희도 덕택에 무사히 지내고 있습니다.
일전에 보내주신 10만원 잘 받았습니다. 그냥 놔두셔도 좋을 것을 이렇게까지 신경을 써주시니 정말로 죄송합니다.
모처럼의 송금을 되돌려드리는 것도 실례겠고, 또 반송

수속도 너무 복잡해서 어쩔 수 없이 받기는 했습니다만, 아무래도 거북한 심정입니다. 일단 차용한 셈으로 해 두시고, 어떻게 자료가 될 만한 복사물이라도 보내드리면 어떻겠습니까? 쓸 만한 것은 없습니다만, 『녹기(綠旗)』라면—여기서는 유일본일지도 모릅니다만—갖고 있습니다……. 실례가 아니라면 현재 일을 끝내고 집에 돌아가는 대로 복사를 하고 싶습니다.

(…중략…)

제 일은 규모가 꽤 거창한 편입니다. 1876~1945년의 정치·행정·문화·종교 등 사회 전반을 대상으로 200자 15,000매 정도를 계획하고 있습니다. 탈고까지는 대략 5~6년 내지 7~8년 걸릴 테지요 연구장려비 같은 걸 받을 수 있는 분야도 아니고 개인 작업치고는 좀 요란한 거라서, 낯선 홀아비 생활에 체중이 3킬로 정도 줄고 말았습니다. 저야 호리호리한 편이니 감량 3킬로 정도면 몸집 좋은 이의 10킬로 남짓은 되겠지요 56세가 될 때까지 체중이 제일 많이 빠졌던 게 2킬로 남짓 빠졌던 것이 유일하니까요

5년 후에 한국에 오신다는 말씀 반가웠습니다. 그때까지 목숨을 이을 수 있을지 모르겠습니다만, 즐겁게 기다려지는군요 밥벌레 수명이 56세나 되고 보니 슬슬 저 세상 준비를 생각하게 되는 참입니다. 지금 작업도 실은 그것을 전제로 한 것입니다만…….

쓸데없는 이야기가 되어 버렸습니다.

그럼 이쯤에서 실례하겠습니다. 주소가 바뀌셨습니다만,
이사라도 하신 참이십니까?

건승을 빕니다. 안녕히 계십시오

―1985년 2월 5일

서울과 천안에서의 이중생활, 그중 서울에서의 자취생활은
감당하시기 어려웠던 것 같다.


그간 변함없이 건승하시리라 믿습니다.

저는 그간 서울에서 자료조사에 매진하고 있었습니다만,
5월말 경 어중간한 상태로 돌아오고 말았습니다. 나이 탓
인지, 홀로 자취 생활이 무리였던 듯, 병이 들어버렸습니
다. 꼬박 이틀을 먹는 둥 마는 둥 하다가 겨우 기어 돌아
와선 한 달 남짓 누워있었습니다. 조금 회복은 되었습니
다만, 복사물도 도착하지 않고 해서 아내한테 부탁해서
가져오도록 한 참입니다. 작업이 중도하차 꼴이 되어버렸
습니다만, 현재로서는 어쩔 도리가 없으니, 올 겨울에 권
토중래(捲土重來), 상경해서 뒷처리를 할 심산입니다. 건강
은 최근 그럭저럭인 상태입니다.

(…중략…)

돌아와 두 달이나 지난 최근 『매일신보(每日申報)』가 경

임종국 선생님을 그리며 105

인문화사에서 1940년분까지 영인 발행되었습니다. 1945년 분까지도 계속해서 영인 발행하게 될 것 같습니다만, 아 직 나오지는 않았습니다. 1940년까지가 50여 책으로 한화 360만원이라는 거금인 듯합니다. 1941~45년은 친일기사 관계로 영인 발행이 가능할지 어떨지 현재로서는 아직 알 기 어렵습니다.

매일신보 1책 및 "蓬島物語"와 "靜かなる嵐"는 도서관 원본의 지질이 나빠서 복사가 이 이상 선명해질 수 없음 을 이해해 주시길 바랍니다. 정인택의 "淸凉里界隈" 등 (단행본)은 소지하고 계시던가요? 필요하시면 말씀해주시길 바랍니다.

일전 주소가 달랐습니다만, 미나미 이이즈카(南飯塚)에 서 이사하신 건지, 일시적인 이동인지 잘 알 수 없어서 학 교로 보내드립니다.

그럼 이쯤에서 실례하겠습니다.

건승을 빕니다.

안녕히 계십시오

—1985년 8월 18일

두 번째 방문은 1987년 9월 4일이었다. 이번에는 아내와 함 께였다. 마침 밤 수확 시기였다. 나는 입이 빠끔 벌어진 밤 열 매를, 긴 장대로 두들겼다. 재미있게도 밤이 떨어졌다. 임선생

은 기관지가 나빠서, 조금만 산길을 오르면 숨이 막혀서 길가
에 주저앉아 "소연아, 소연아" 하고 딸을 불러서는, 나의 밤
줍기 작업을 돕게 했다.

　그날 저녁밥은 밤이 듬뿍 들어간 밤밥을 대접받았다. 아니
밤에 쌀알이 붙어 있는 밥밤을 먹었다. 맛있게 먹었지만, 선생
의 건강이 염려스러웠다. 귀로에는 임선생 부처가 산 밑 버스
정류장까지 배웅을 해 주셨다. 걸으면서 나눈 이야기 중에, 평
범사(平凡社)에서 나온 선생의 『서울의 성 밑에 한강은 흐른다
(ソウル城下に漢江は流れる)』(원제-『韓國社會風俗野史』)의　인세를
받지 못하신 것을 알았다. 귀국 후 평범사에 이야기를 해서
인세가 나오도록 해 드렸다. 얼마 안 되는 금액이었으나, 임선
생은 너무나도 기뻐해 주셨다.

것은 아닙니다만, 도착하면 말씀대로 감사하게 받을 생각입니다. 또 다케시타 후미오(竹下文雄) 선생께도 말씀대로 감사 말씀을 올릴 예정입니다. 그 점은 신경 쓰지 마시도록 부탁드립니다.

한국은 근래 맑은 가을 하늘이 계속되고 있습니다. 조석으로는 좀 쌀쌀합니다만, 낮은 상당히 더운 편입니다. 조생종은 여기저기서 벼베기가 시작되었습니다. 우리 산에선 지금 만생종 밤이 수확철입니다. 금년은 계속 내린 호우로 흉작인 탓인지, 며칠 전부터 밤값이 올랐습니다. 예년보다 1.5배 정도 오른 값입니다만, 인건비가 비싸서 큰돈은 되지 않습니다. 수입보다는 조용한 교외주택에 사는 셈치고 지내고 있습니다만, 산의 냉기가 기관지에 좀 해로운 느낌이 들어서 천안 시내 쪽으로 이사를 해볼까 생각하고 있습니다. 하지만, 여기가 부동산매매 경기가 좋은 편이 아니어서, 생각만 하다 그칠지도 모르겠습니다.

그럼 오늘은 이쯤에서 실례하겠습니다. 언제나의 후정(厚情) 그리고 평범사에 대한 배려, 더 드릴 말씀이 없습니다. 마음속에 영구히 새겨두겠습니다.

사모님께 잘 전해 드려주십시오. 건승을 빕니다.

안녕히 계십시오.

—1987년 9월 23일

마지막으로 편지를 받은 것은 1989년 3월의 일이었다.

오오무라 선생님

오래간만에 소식 올립니다.

선생님을 비롯하여 댁내 두루 변함없이 건승하시리라고 믿습니다.

건강하다고 말씀 드리고 싶지만, 2월 21일부터 28일까지 입원을 했습니다. 기관지염이 결국 폐기종으로 번지고 숨이 막혀서 치료를 받았습니다. 아무래도 '고물자동차'니까 가끔씩 '보우링'을 해줘야 움직이겠죠 '수리 센터'에 갔다 온 셈입니다. 아마, 별 일은 아니니 신경 쓰지 마시기 바랍니다.

그런데, 1월초 출간 예정이던 『일본군의 조선침략사』가 계속 늦어지다가 이제야 출간되게 되었습니다. 별편으로 보내드릴 터이니 언젠가 시간 나실 때 일별해 주시면 영광이겠습니다. 그리고 책 속에 '침략'이라는 말이 많이 사용되고 있습니다만, 이쪽 입장을 넓게 이해해주시길 바랍니다. 저는 '지자(智者)는 허물을 제 안에서 찾는다'는 말을 신봉하는 자입니다. 그런 말을 쓰고 싶지는 않지만, 지금의 한국의 입장에서는 아무래도 어쩔 수가 없습니다. 언제나 이런 단계를 넘어설 수가 있겠습니까.

문인이 되는 꿈을 품고 있던 제가 문학을 팽개치고 망

국의 족적만 뒤쫓게 되어 재미는 없군요. 이상(理想)은 못
쓰고 망국의 역사만 쓰게 되다니 가슴 아픈 일입니다. 젊
었다면 아프리카라도 가서 아프리카 통일론이라도 휘갈
겨 쓰겠습니다만, 이 나이에 폐기종이니 그건 몽상이겠지
요. 마아 쓸데없는 이야기를 드렸습니다.
그럼 오늘은 우선 이 즈음에서 실례하겠습니다.
선생님 그리고 댁내에 두루 건승과 행운을 빕니다.
안녕히 계십시오

—1989년 3월 10일

이 편지 이후 반년 뒤인 11월 12일, 60세로 타계했다. 문학
을 하고 싶어서 『이상 전집』 전 3권을 편찬하기까지 했는데,
결국 문학에로 되돌아가지 못하고 끝나고 말았다.

나의 세 번째 방문은 성묘길이 되고 말았다. 미야타 세츠코
(宮田節子)와 박광수(朴光洙)에게 부탁받은 부의금을 들고, 건강
문제 때문에 새로 이사했다고 한 천안의 그 댁으로 찾아갔다.
개인별 친일 인명록 카드가 빼곡히 들어차 있는, 낯익은 수제
(手製) 책장 한 쪽에 모셔져 있는, 검은 리본이 달린 임종국 선
생의 영정을 뵈니 가슴이 북받쳐 올라왔다. 11월 하순의 묘는
아직 잔디도 돋지 않은 상태였다. 찬바람만 스쳐지나가고 있
었다.

『실천문학』 81, 2006년 봄.

# 37 김학철(金學鐵) 선생님의 편지

　김학철 선생님이 필자에게 보내신 편지가 4통 남아 있다. 처음 2통은 "중국작가협의회 연변분회 김학철"로 되어 있으며 나중 2통은 연길시 총류가(叢柳街) 2-2-4, 개인주소로 되어 있다. 이 4통의 편지를 그대로 묻어두는 것이 안타까웠던 차에 이번 기회를 통해 공개하기로 하였다.

　내가 최초로 연변에 발을 들여놓은 것은 1985년 4월부터 1986년 4월까지의 1년간이었다. 이 기간 동안 김학철 선생님 댁에 주 1회씩 드나들면서 선생님의 반생을 녹음테이프 10개에 녹음하였다. 그 일부는 『조선의용군 최후의 분대장 김학철』 2 (연변인민출판사)에 역재되어 있기도 하다.

　첫 번째 편지는 1986년 봄 귀국한 후, 당시 연길에 데리고 갔던 딸 오오무라 미치노(大村三千野)를 염려해 주신 내용의 글이다. 짧은 문장 속에 미치노에 대한 자애(慈愛)와 필자에

대한 정애(情愛)가 함께 스며있다.[1]

두 번째 편지는 1988년 12월 26일에 쓰인 것으로, 연길에서 투함(投函)한 편지인데, 당시는 '우편사고'로 인해 한국에서 수취가 불가능한 일이 있었던 시대여서, 선생의 편지를 내가 맡아 가지고 갔다가 일본에서 한국으로 보냈다. 그랬더니 금방 한국에서 무사히 편지를 받았다는 통지내용이다. 한국에 보내는 편지를 이런 방법으로 대신 보내드렸던 기억들이 있다.

두 번째 편지의 후반 내용은, 북경의 중앙민족학원(현재의 앙민족대학)에서 유학생활을 보내고 있었던(현재도 북경 거주) 미치노(三野)에 대한 배려의 내용이다. 선생님께서 '미치노'라는 이름의 유래를 물으신 적이 있는데, 그것이 '삼천리'를 자유롭게 달린다는 의미라고 알려드렸더니, 선생님께서는 무릎을 치고 기뻐하시면서 미치노를 더할 나위 없이 귀애해 주셨던 것이다.[2]

세 번째 편지에는 '제2회 KBS 해외동포상 수상자 확정'이라는 KBS의 통지서가 동봉되어 있었다. 선생은 이 시기에 '특별상'을 받으셨다. 소개문에 "중국. 작가, 항일투사"로 되어 있었다.

이 편지는 1994년 7월 1일에 쓰인 것으로서, 집사람의 요통을 염려하시면서 약 걱정을 해 주신 내용이다.

---

1) 편지 1.
2) 편지 2.

또 선생님께 선물로 드린 '에도(江戶) 풍령(風鈴)'이 최근 소리가 잘 나지 않는다며 안타까워하시는 내용도 들어 있다. 물론 목숨을 걸고 일본군과 싸운 분이시긴 하나, 일본 서민의 생활상과 풍물은 좋아하셨다. 언제였던가 "일본 물건 중에 뭔가 원하시는 것이 있으면 말씀해 주세요. 다음 번 올 때 가지고 오겠습니다"라 말씀드렸더니 〈황성(荒城)의 달(月)〉(일본가곡)의 오르골(자명금-自鳴琴)과 다이후쿠(大福-팥이 들어간 찰떡)를 말씀하셨던 적이 있다. 오르골은, 일본군과 대치하고 있었던 때 야간 심리전의 일환으로 〈황성의 달〉을 확성기로 틀어서, 일본 병사들을 향수에 잠기게 하여 전투의욕을 잃게끔 한 경험이 있었다고 하시는데, 한편으로는 〈황성의 달〉이 갖고 있는 센티멘탈리즘에도 공명되는 바가 있으셨던 것이 아닌가도 생각된다.

다이후쿠도 추억을 되새겨 보고 싶어서 말씀하신 것이었을 것이다. 선생님은 8·15 해방으로 이사하야(諫早) 형무소를 나오게 되셨는데, 건국준비위원회가 마련한 목조선(철강선은 어뢰 문에 위험).

에 승선하시기 전에, 하루 동안 자유시간이 있었다고 한다. 이 때 거리에서 행상 할머니한테 다이후쿠를 사 드신 적이 있는데, 그 맛을 잊을 수가 없다는 것이셨다. 1993년 선생님이 처음 일본에 오셔서 와세다 대학에서 강연을 하셨을 때, 숙소인 도쿄 간다(神田) 한국 YMCA의 어느 방에서, 딸이 약속

한 그 다이후쿠를 가져다 드렸더니, 2개까지만 드시고 3개째
는 들지 못하셨다.3)

　네 번째 편지는 1995년 7월 17일에 쓰인 것이다. 이것은 내
가 나가사키(長崎) 지방재판소 판결문을 발견해서 복사를 해
서 드린 적이 있었는데, 뜻밖에도 그 일로 야단을 맞고 말았
던 내용이다. 물론 치안유지법으로 신병이 구속되어 있는 상
황 하에서의 재판이, 김학철 선생님의 의지를 철저하게 무시
한 것이니, 신뢰 가능하다고는 생각하지 않으나, 일본 관헌
측이 어떻게 보고 있었는가 하는 면에서 참고는 되지 않겠는
가 생각했었는데, 결과는 참담했던 것이다. 선생님께는 선생
님 나름의 생각이 있으셨을 것이다. 하지만 『조선의용군 최후
의 분대장 김학철』 1에 번역 게재되어 있는 바를 보면, 역시
판결문 찾기 작업은 헛된 고생만은 아니었던 것이 아닌가 생
각해 본다.4)

---

3) 편지 3.
4) 편지 4.

### 편지 1[1]

미치노 양은 일본을 출발하던 날, 대설(大雪)로 고생하셨지요?

고생 많으셨습니다.

### 편지 2[2]

9월 서울에 보내주신 편지, 감사드립니다. 틀림없이 받았다는 편지가 왔습니다.

너무도 죄송합니다만, 한 번 더 다음 편지를 부탁드립니다.

『天池(천지)』 1월호는 이미 도착했을 것으로 생각합니다.

사모님께도 안부 전해 올립니다.

안녕히 계십시오.

1988년 12월 26일, 김학철

---

* 이하 4통의 편지 중 편지 1·2는 일본어, 3은 한국어, 4는 한국어 및 일본어로 씌어 있다. 한국어 편지 내용은 부호를 포함하여 최대한 원문 그대로 수록하되, 띄어쓰기는 현대 한국어 맞춤법 규정에 따랐고, 원문 속의 한자는 '( )' 속에 병기했다. 원문 속의 한자가 중국 간체자인 경우는 현대 한국에서 사용되는 한자로 대체했다.
1) 일본어 원문.
2) 일본어 원문.

미치노 양.

북경 생활, 이젠 익숙해졌나요?

겨울방학 때 일본에 돌아가시면, 동봉한 편지와 사진을 아버님께 전해 드려주세요.

편히 지내시길.

1988년 12월 26일, 김학철


## 편지 3[3)]

大村 先生(오오무라 선생님) 내외분께.

지난해 주신 편지 받는 길로 집사람이 腰痛(요통)에 가장 좋다는 약— 천마환(天麻丸, 有神效—유신효) 한 소포(小包)를 부치려 했으나 우체국에서 받아주지 않아 보내드리지 못했습니다. 사향(麝香)·천마(天麻)·운남백약(雲南白藥) 등은 다 금수품목(禁輸品目)에 들어 있다는 겁니다. 금년 여름에 오시면 한 보따리 구해드릴 테니 꼭 오십시오.

미치노(三千野) 양은 방학이라 귀국했겠지요.

이곳 하남(河南) 거리에 '삼천야(三千野) 小吃部(소흘부)'[경식당]라는 간판이 내걸렸습니다. 들어가 보지는 않았지만 참으로 착상(着想)이 기발(奇拔)한 간판입니다.

혜증(惠贈)하신 '에도(江戶) 풍령(風鈴)'을 방문에 매달았더니

---


3) 한국어 원문.

문을 여닫을 적마다 영롱(玲瓏)한 소리를 내 선경(仙境)에 사는 것 같더니 어떡하다 영(鈴)에 금이 갔는지 요즘은 탁음(濁音)으로 변해 매우 실망적(失望的)입니다.

내외분께서 내내 건강하시기를 빌고 바랍니다.

1994년 7월 1일, 김학철

## 편지 4[4)]

오오무라 선생님(大村 先生) 내외분께.[5)]

동경에 체류하는 동안, 폐를 너무 많이 끼쳐드려, 무어라고 드릴 말씀이 없습니다.

미치노 양은 지금 아르바이트로 여념이 없겠지요.

이와나미(岩波)서점의 오오츠카(大塚) 씨에게 오오무라 선생님(大村 先生)을 소개했는데, 연계가 제대로 되셨는지요.

형사판결서(刑事判決書)란 의례 거짓말투성이라는 것을 알아 두십시오. 피고(被告)가 이실직고(以實直告)하는 법은 거의 없습니다.[6)] 하물며 증거에 입각한 수사[裏付搜査]가 불가능한 경우, 피고의 공술은 신빙성 제로입니다. 때문에 판결서의 문면을 근거로 전기 같은 것이 씌어졌다면 대오류요, 대실례올시다.[7)]

---

4) 한국어·일본어 혼용 원문.
5) 이하 한국어.
6) 다음 "하물며 증거에~"부터 일본어.

지금 중국(中國)과 한국(韓國)의 출판사(出版社)들에서 저에게 자전(自傳, 회고록)을 써달라는 청탁(請託)이 여러 곳 들어와 있습니다. 고려(考慮)하는 중입니다. 아직까지는 결심을 내리지 못하고 있습니다.

이번 방일(訪日)에서는, 일본 벗들을 많이 사귀였고, 또 배운 것도 여간 많지가 않습니다.

아키코(秋子) 여사께는 신세를 너무 많이 져놔서, 어쨌으면 좋겠는지 모르겠다고, 집사람이 자꾸 뇌고 있습니다.

안녕히들 계십시오.

2006년 10월 7월 17일, 金學鐵, 金惠媛 頓首

---

7) 다음 "지금 中國과~"부터 마지막까지 한국어.